Joachim Ringelnatz

Wie ich mich auf dich freue!

Joachim Ringelnatz

Wie ich mich auf dich freue!

Liebesgedichte

marixverlag

Bibliografische Information der Deutschen Nationalbibliothek
Die Deutsche Nationalbibliothek verzeichnet diese Publikation in der Deutschen
Nationalbibliografie; detaillierte bibliografische Daten sind im Internet über
http://dnb.d-nb.de abrufbar.

3. Auflage 2018

© by marixverlag in der Verlagshaus Römerweg GmbH, Wiesbaden 2015
Covergestaltung: Network! Werbeagentur, München
Satz und Bearbeitung: SATZstudio Josef Pieper, Bedburg-Hau
Der Titel wurde in der Minion Pro gesetzt.
Gesamtherstellung: CPI books GmbH, Leck – Germany

ISBN: 978-3-7374-0955-1

www.verlagshaus-roemerweg.de

»Ich denke:
Wenn nächstens vieles fällt,
Wir zwei bleiben stehn,
Solange wir wissen, was uns hält.«

Joachim Ringelnatz

INHALT

**Weil sie weich sind und mit Grazie
sich bewegen ...**

Und vom Einst träum ich

Du Meinziges, du Liebes

Es waren zwei Moleküle

Nun sind wir allein. Und es ist Nacht

GUTEN ABEND, SCHÖNE UNBEKANNTE!

MEIN LETZTES LEBEWOHL, EIN KUSS

ES WAR NUR EIN TRAUM …,
DOCH ES WAR EINE PRACHT!

Nachtschwärmen

Die alte Pappel schauert sich neigend,
Als habe das Leben sie müde gemacht.
Ich und mein Lieb – hier ruhen wir schweigend –
Und vor uns wallt die drückende Nacht.

Bis sich zwei schöne Gedanken begegnen, –
Dann löst sich der bleierne Wolkenhang.
Goldene, sprühende Funken regnen
Und füllen die Welt mit lustigem Klang.

Ein trüber Nebel ist uns zerronnen.
Ich lege meine in deine Hand.
Mir ist, als hätt ich dich neu gewonnen. – –
Und vor uns schimmert ein goldenes Land.

Mandolinenklänge

Hör ich der Mandoline Klänge
Ist mir's, als sähe ich eine der süßen,
Netten Grisetten
Freundlich mich grüßen.
Kirschen trägt sie als Ohrgehänge.
Barfuß kommt sie und lacht und lacht,
Schüttelt kindisch die blonde Mähne
Und zeigt dabei ihrer Zähne
Zartschneeige Pracht.
Und dann
Dreht sie sich um und läuft, was sie kann,
Den wirren, langen,
Steinigen Zickzackweg zurück,
Den mein Leben gegangen,
Sammelt dabei die paar verstreuten
Freundlichen Blumen, die mich erfreuten,
Bis sie ein buntes Dutzend gefunden.
Die bringt sie mir zierlich gebunden.
Ich aber küsse die Kleine,
Küsse die Blumen und lache und weine,
Bis alles verschwunden
Und die Mandoline schweigt.

Wandle träumend jeder für sich

Meisters Violinenklänge
Führten mich aus der stieren Menge
Hoch in himmlische Fernen empor.
Wo sich im rosigen Wolkengehänge
Jeder menschliche Odem verlor,
Grüßten mich Engel im lachenden Chor.
Und auf weißem Schwanengefieder,
Weich gebettet, fand ich mich wieder,
Dort, wo die Träumenden glücklich sind.
Köstlichen Weihrauch, Lorbeer und Flieder,
Labend, lobend, liebend und lind,
Brachte in duftigen Wogen der Wind.
Und mein Mädchen, als ich erwachte,
Frug mich verwundert, woran ich dachte,
Daß mir so ganz ihre Nähe entwich.
Doch ich küßte ihr Mündchen und lachte,
Und ich log: »Ich dachte an Dich.«

Wandle träumend jeder für sich.

Bin wie ein Dieb durchs Fenster gestiegen

Bin wie ein Dieb durchs Fenster gestiegen.
Sah das Mädchen in seiner Jugendpracht
Nackt auf dem seidenen Bettchen liegen,
Wie ein Wunder aus einer Zaubernacht.

Und sie schlief von kindlichen Träumen belogen,
Die ein Lächeln auf ihre Lippen hauchten,
Während die Sonnenstrahlen in flimmernden Wogen
Spielend ihr Kraushaar in goldene Lava tauchten.

Mir aber pochte das Herz, und als ich verwegen
Über die schneeigen Glieder mich leise gebückt,
Hat eine Rose verwelkt am Boden gelegen,
Eine Knospe, die sie im Garten gepflückt.

Sah die welke Knospe am Boden liegen,
Sah im Bettchen das süße, schlummernde Wesen. –
Leise bin ich durchs Fenster zurückgestiegen.
Und mir war, als hätt ich ein Märchen gelesen.

Ein Traum

Es war nur ein Traum, doch es war eine Pracht!
Ich glaubte in mondscheinsilberner Nacht
Auf schwellendem Rasen zu liegen.
Ein glänzendes Schloß erhob sich kühn,
Und ich sah aus dem Fenster epheugrün
Ein Märchenkind lauschend sich biegen.

Ein Mädchengesicht, so lieb, so traut,
Wie ich es nimmer zuvor geschaut.

Gleich flüssigem Golde erglänzte ihr Haar,
Und ich las in dem dunklen Augenpaar
Ein wehmütig banges Erwarten.
Ein leiser Wind erquickte die Luft
Und trug einen süßen, berauschenden Duft
Vom Holunderbusch durch den Garten.

Dort saß an des Springbrunns Sprudelquell
Geigend ein müder Wandergesell.

Und als dann – und das war so schön in dem Traum –
Eine Nachtigall hoch im Lindenbaum
Mit einstimmte in seine Lieder
Und schluchzend sang, wie von Schmerz und Lust,
Da war es, als fiele auf meine Brust
Das Glück wie ein Morgentau nieder. – –

Die alten Linden seufzten im Wind.
Im Schlosse weinte das Märchenkind.
Da flog aus dem Schatten gespenstig vom Dach
Eine Fledermaus auf. Da wurde ich wach,
Und alles war plötzlich verschwunden.

Ödes Erwachen. Wie leerer Schaum
Zerronnen war alles, was ich im Traum
So selig geschaut und empfunden. – –

Doch wie ein Trost kam's über mich dann:
O glücklich, wer noch so träumen kann!

Volkslied

Wenn ich zwei Vöglein wär
Und auch vier Flügel hätt,
Flög die eine Hälfte zu dir.
Und die andere, die ging auch zu Bett,
Aber hier zu Haus bei mir.
Wenn ich einen Flügel hätt
Und gar kein Vöglein wär,
Verkaufte ich ihn dir
Und kaufte mir dafür ein Klavier.
Wenn ich kein Flügel wär
(Linker Flügel beim Militär)
Und auch keinen Vogel hätt,
Flög ich zu dir.
Da's aber nicht kann sein,
Bleib ich im eignen Bett
Allein zu zwein.

Über meinen gestrigen Traum

Wie kam ich gerade auf ein Gestirn?
Du sagst: Ich stöhnte träumend ganz laut.
Vielleicht steigt die Phantasie ins Hirn,
Wenn der Magen verdaut.

Man sollte kurz vorm Schlafengehen
Nichts essen. Auch war ich gestern bezecht.
Doch warum träume ich immer nur schlecht,
Nie gut. Das kann ich nicht verstehen.

Ob auf der Seite, ob auf dem Rücken
Oder auch auf dem Bauch – –
Immer nur Schlimmes. »Alpdrücken.«
Aber Name ist Schall und Rauch.

Meist von der Schule und vom Militär – –
Als ob ich schuldbeladen wär – –
Und wenn ich aufwache, schwitze ich,
Und manchmal kniee ich oder sitze ich,
Du weißt ja, wie neulich!
O, es ist greulich.

Warum man das überhaupt weitererzählt?
Hat doch niemand Vergnügen daran,
Weil man da frei heraus lügen kann. –
Aber so ein Traum quält.

Gestern hab ich noch anders geträumt:
Da waren etwa hundert Personen.
Die haben die Dachwohnung ausgeräumt,
Wo die Buchbinders wohnen.

Dann haben wir auf dem Dachsims getanzt.
Dann hast du mich, sagst du, aufgeweckt,
Und ich, sagst du, sagte noch träumend erschreckt:
»Ich habe ein Sternschnüppchen gepflanzt.«

Ich weiß nur noch: Ich war vom Dach
Plötzlich fort und bei dir und war wach.
Und du streicheltest mich wie ein Püppchen
Und fragtest mich – ach, so rührend war das –
Fragtest mich immer wieder: »Was
Hast du gepflanzt!? Ein Sternschnüppchen?«

DER DU MEINE WEGE MIT MIR GEHST

Vortrag ans Hochzeitspaar

Eure Hochzeitssonne scheint.
Wir hoffen, daß Ihr es ehrlich meint.

Wenn wir nach zwei, vier, acht, zehn –
Jahren Euch wiedersehen,
Hoffen wir, daß wir Euch dann noch verstehen.
Und wenn Ihr dann – hinterher,
zu zweit –
noch glücklicher als mit uns seid,
noch gleich verliebt nach Probezeit,
voll doppelter Freude mit halben Leid,
dann freut uns Freunde das sehr.
Dann sollen sich Hände wie heute fassen.
Wir treten respektvoll zurück:
Eine Zweitwelt wird von Stapel gelassen.
Mit Gott! Viel Glück!

Der Geliebten

Such nicht der Sorge mattes Grau.
Ist nicht die Jugend ein funkelnder Tau?
Gleichen nicht schöne Gedanken
Roten Rosen an wilden Ranken?
Ist nicht die Hoffnung bunt und reich,
Weiten, blumigen Wiesen gleich?

Wir flechten uns Lauben aus Ranken und Rosen
Auf taufrischen Wiesen zum Küssen, zum Kosen.
Dort wollen wir wandeln, wir ganz allein.
Dort wollen wir König und Königin sein.

Brief aus Düsseldorf nach München

Nun, sind die Tage Dir nicht schön verflossen
In dieser wohlgeführten, freien Stadt!?
Und doppelt schön, weil, was wir hier genossen
Haben, uns gleicherzeit gestreichelt hat.

Wie jene Gassenbuben Räder schlugen!
Wie sich die Wellen rechts am Rhein betrugen!
Zwar: »Löwensenf« ist kein sehr schönes Wort,
Doch er und schwarzes Brot! – In hundert Stunden
Haben wir hundert Herrliches gefunden.

Geliebte Frau, nun denk Dich dort
Zurück an jenes zarte Wasserbrünnchen
Im Breidenbacher Hof. Ach Du bist fort
Und weit von hier und untendrein in München.

Ich küsse Dich mit weitgedachtem Rüssel
Aus Düssel.

Was willst du von mir?

Möchtest du meine Frau werden,
Da meine Haare schon grau werden,
Schon größtenteils sind?
Möchtest du über mich lachen?
Soll ich dir Freude machen?
Oder ein Kind?

Willst du die Peitsche spüren?
Soll ich dich ausführen?
Brauchst du Geld oder einen Rat?
Willst du nur mit mir spielen?
Oder gefielen oder mißfielen
Dir Taten, die ich tat?

Warum bist du so still?
Soll ich dich beklagen?
Sag doch einmal: »Ich will …«
Oder sonst ein deutliches Wort. –
Soll ich dich verjagen?
Ja. Geh zu!
Nein! – Du!
Bitte, bitte, geh nicht fort!

Versöhnung

Es ließe sich alles versöhnen,
Wenn keine Rechenkunst es will.
In einer schönen,
Ganz neuen und scheuen
Stunde spricht ein Bereuen
So mutig still.

Es kann ein ergreifend Gedicht
Werden, das kurze Leben,
Wenn ein Vergeben
Aus Frömmigkeit schlicht
Sein Innerstes spricht.

Zwei Liebende auseinandergerissen:
Gut wollen und einfach sein!
Wenn beide das wissen,
Kann ihr Dach wieder sein Dach sein
Und sein Kissen ihr Kissen.

Wupper-Wippchen

Als in Elberfeld wir in der Schwebebahn
Runter auf das Wupperwasser sahn
Und dann plötzlich unsre Blicke hoben
Gen einander ins Gesicht,
Hätten wir uns eigentlich verloben
Können. – Doch wir taten's nicht.
Weil man manchmal in der Schwebe Schweigen
Vorzieht. Um bald wieder auszusteigen.

Ehebrief

Nun zeigt ein Brief, daß ich zu lange
Nicht sonderlich zu dir gewesen bin.
Ich nahm das Gute als Gewohntes hin.
Und ich vergaß, was ich verlange.

Verzeihe mir. – Ich weiß, daß fromme
Gedanken rauh gebettet werden müssen.
Ich danke jetzt. – Wenn ich nach Hause komme,
Will ich dich so wie vor zehn Jahren küssen.

Die Bitte um Verzeihung

Es schneidet mir deine Bitte
»Verzeihe mir« ins Herz hinein.
Daß ich viel lieber durchlitte
Das, was verziehen will sein.

Und möchte selber nicht missen
Die Liebe, die mein Falschtun rügt.
Weil eins von zwei Gewissen
Uns beiden doch nicht genügt.

Verziehen ist. – Verzeihe
Nun du! Du hast zu viel geweint.
Und segeln wir fromm ins Freie.
Da wieder die Sonne scheint.

Telefonischer Ferngruß

Ich grüße dich durchs Telefon,
Guten Morgen, du Gutes!
Ich sauge deiner Stimme Ton
In die Wurzeln meines Mutes.

Ich küsse dich durch den langen Draht,
Du Meinziges, du Liebes!
Was ich dir – nahe – je Böses tat,
Aus der Ferne bitt ich: Vergib es!

Bist du gesund? – Gut! – Was? – Wieviel? –
Nimm's leicht! – Vertraue! – Und bleibe
Mir mein. – – Wir müssen dies Wellenspiel
Abbrechen – – Nein, »dir« Dank! – – Ich schreibe! – –

Brief in die Sommerfrische

Ich habe so Sehnsucht nach Dir.
Weil alles so gut steht
Auf unserem Gemüsebeet.
Und Du bist in England. Nicht hier
Bei mir.
Frau heißt auf Englisch »wife«;
Muß man, um das zu lernen,
Sich so weit und so lange entfernen?

Bei uns ist alles Gemüse reif.
Meinst Du, daß ich das allein
Esse? Kommt gar nicht in Frage.
Und so vergehen die Tage.
Könnte doch zu zweit so billig sein.

Bis August und noch September vergeht,
Ist alles verfault auf dem Beet.
Aber Englisch ist wichtiger als Gemüse,
Das es schließlich auch in Büchsen gibt.
Und ich gönne Dir das alles sehr. Grüße
Dich!
Dein Mann (einsam in Dich verliebt).

Essen ohne dich

Ich habe mich hungrig gefühlt,
Doch fast nichts gegessen.
War alles lecker, das Bier so schön gekühlt –
Aber: Du hast nicht neben mir
Gegessen.

Verzeihe: Ich stellte mir vor,
Daß das ewig so bliebe,
Wenn du vor mir –
Ach was geht über Liebe?!!

Muß ich nun doch
Ein paar Tage noch
Fressen, ohne Lust; o das haß ich. –
Aber wenn du von der Reise
Heimkehrst, weiß ich, daß ich
Wieder richtig speise.

Sonntagsliebchen

Sag mir doch, daß heute Sonntag sein
Soll, Margarete. – Sag!
Margarete, mein schöner, dein
Freier, einzig freier Tag!

Schweige nicht! Weil Schweigen wie
Nein klingt. Und heute undankbar
Wäre. Margarete, die
Tage bis zum Sonntag sind ein Jahr.

Ist es nicht, als ob wir flögen,
Wenn wir uns nur frei die Hand geben. – –
Wieviel Sonntage, Margarete, mögen
Wir – du und ich – noch leben?!

Da ich mit einem Mädchen maimorgens im Walde ging

Wenige Schritte weiter –
Teilt sich der Buchen städte Nacht,
Blickst du auf Lande, die heiter
Und weit und schön sind, wie Gott sie erdacht.

Grüne schlummernde Wellen
Glitzern im Regenbogenstaub;
Und Friede durchlächelt in hellen
Strahlen das junge, betränte Laub.

Grüßt nicht auf Butzenscheiben
So in Dämmerstunden das Glück? ...
... Fräulein, hier wollen wir bleiben,
Müßig, als müßten wir nimmer zurück ...

Kannst du am blauen Saume
Fern die alte Ruine noch sehn,
Unbestimmt, wie im Traume,
In der Erinnerung Bilder erstehn?

Ziehen zwei Seelen vom Schweigen
Nun dem Worte, was keine sprach,
Oder dem Säuseln in Zweigen,
Einem Duft, einem Käfersang nach.

Mag sich die andre verirren,
Während die eine die Richtung verlor:
Alle die wogenden, wirren
Wege führen zur Lichtung empor.

Sollte es wieder regnen,
Sollte es donnern jetzt und schnein:
In meinem Traume segnen
Maienglöckchen ein Brautpaar ein.

So kann ein Wiedersehn sein …

So kann ein Wiedersehn sein,
Daß Augenpaare tief einander messen.

»Lang, lang ist's her. Und doch
Hast du mich nicht – konnt ich dich nicht –
Vergessen.«

Froh war es einst. – Hat wenig sich bewährt. –
Viel starb vom Wenig. – Alte Bäume rauschen
Und neigen sich vornander ernst und lauschen
Wie Kinder einem Märchen, aber abgeklärt.
Denn was geschah, das muß wohl so geschehn sein.

Nun ist's, als rückten wir, ohn Worte, ohne Tat,
Enger zusammen, wie zu einem Skat,
Aber erlebt, erliebt! – So soll ein Wiedersehn sein.

An M. zum Einzug in Berlin

Morgen, wenn du einfährst in Berlin,
Bin ich da,
Denk ich an die Scharen von Staren,
Die nach Afrika ziehn.

Sorgenmürbe bist du nachts gefahren.
Einer Sommermorgensonne möcht ich gleichen,
Wenn du mir die lieben Hände reichen
Wirst. –

Willkommen in Berlin! Und gib
Alle Koffer mir zum Tragen.

Neue Heimat läßt mich neu dir sagen:
So wie dich hab ich kein andres lieb.

Reiseabschied von der Frau

Nun wechselt mir die Welt,
Und andere Leute lenken
Mein Handeln und mein Denken.
Und ich bin einzeln hingestellt,
Bin frei und ohne Frau.

Wie schön! – So es vorübergeht!!
Weil wir einander so genau
Durchkennen und – –

Ein Wind, der weht,
Gewitter funkt,
Weil Neues Altes säubern muss.

Mein letztes Lebewohl, ein Kuss,
Ist nur, wie in der Schrift, ein Punkt.

Bestehendes,
Sei's Stein, braucht Fluss,
Braucht Wehendes.

Ich bringe der Frau eine Freundin

Darf ich dir meine liebe Freundin bringen,
Dir, meiner allerliebsten Frau?

Der Himmel ist in dem Moment ganz blau.
Tausend durchsichtige Nachtigallen singen.

Oh, laß kein Wölkchen auf und bring kein Schweigen.
Laß meine Freundin sich nicht tief verneigen.
Gib deine Hand!

Ich weiß, daß du sie gibst
Und auch kein Wölkchen und kein Schweigen bringst.
Weil du die Lieben deines Liebsten liebst.
Es war auch nur ein Scherz, dich so zu bitten.

Wo je ich ging, wenn irgendwo du gingst,
Bin ich doch immer neben dir geschritten.

Die Freundin bringt mich ihrem Mann

Es sollte eigentlich nicht fraglich,
Nicht anders als zuvor geschildert sein.
Und dennoch ist das unbehaglich
So unter drein.

Mir zagt die Wahrheit. Ach es kann
Schön sein: zwei Frauen und ein Mann.
Gefällt es umgekehrt mir nicht,
Weil Selbstsucht spricht?

Gib frei und gleich dich zu erkennen.
Die Stunde ließ sich nicht vermeiden.
Was wir verdientes Schicksal nennen,
Wird richtig fügen oder scheiden.

Die Einigkeit der Meerestropfen
Ist eine Macht. Macht Herzen klopfen.
Wenn sie im Prall auch auseinanderstieben,
Was sagt's? Wer weiß, ob sich die Tropfen lieben.

Entgleite nicht

Wer hätte damals das gedacht!?
Von mir!? – Wie war ich davon weit!

Dann stieg ich, stiegen wir zu zweit
Und sagten glücklich vor der Nacht:
»Kehr nie zurück, bedankte Ärmlichkeit!«

Es war ein wunderschönes Hausen
In guter, kleinerbauter Heimlichkeit. –

Ganz winzige, herzförmige Fenster gibt's. –

Im reichen Raum vergißt man leicht das Draußen. –

Entgleite nicht, du Glück der Einfachheit.

Ich habe gebangt um dich

Ich habe gebangt um dich.
Ich wäre so gern für dich gegangen. –
Du hättest im gleichen Bangen
Dann gewartet auf mich.

Ich hörte nicht mehr,
Und ich sah auch nicht.
Ein Garnichts floh vor mir her,
Gefrorenes Licht.

Nun atmet mein Dank so tief,
Und die Welt blüht im Zimmer. –
Daß alles so gnädig verlief,
Vergessen wir's nimmer!

… *als eine Reihe von guten Tagen*

Wir wollen uns wieder mal zanken,
Auf etwas hacken wie Raben,
Daß unsre zufriednen Gedanken
Eine Ablenkung haben.

Wir wollen irgendein harmloses Wort
Entstellen,
Dann uns verleumden und zum Tort
Etwas tun; das schlägt dann Wellen.

Wir wollen dritte aufzuhetzen
Versuchen,
Dann unsere Freundschaft verfluchen,
Einmal sogar ein Messer wetzen,
Dann aber uns – in Blickweite –
Auseinander zusammensetzen,
Um superior jedem weiteren Streite
Auszuweichen;
Mit dem Schwur beiseite:
Uns nimmermehr zu vergleichen.

Dann wollen wir, jeder mit Ungeduld,
Ein paar Nächte schlecht träumen,
Dann heimlich eine gewisse Schuld
Dem anderen einräumen,
Dann lächeln, dann seufzen, dann stöhnen,
Dann plötzlich uns gründlich bezechen,
Dann von dem vergänglichen, wunderschönen
Leben sprechen.

Und dann uns wieder einmal versöhnen.

Nach der Trennung.
Lichterfelde

War so oft schon dieses Scheiden.
»Lebewohl!« (Auf nur vier Wochen)
Schon gemeinsam schwer gesprochen, –
Schwerer jedem dann von beiden.

Jedes lächelte und lachte
Über das, was Üblich sprach.
Jedes wußte das und dachte
Hinterher ganz anders, lange nach.

Dies Berlin ist grausig tief und flach
Und so breit. Es gibt dafür kein Dach.
Schaurig schon, daß Menschen dort verschwinden.
Aber stelle arme Fraun dir vor, die dort
Schamvoll irrend einen öffentlichen Abort
Suchen und nicht finden.

Lichterfelde. Blieb mein D-Zug stehn.
Und ich sah im Schnellzug vis-à-vis
Ein so blasses schönes Eisenbahnergesicht,
Wie ich fremdfern nie
Ein Gesicht so innig hab gesehn.

Du, du meine Frau, wirst mich verstehn.

Der Verschmähte

Hell strahlen die festlichen Wände,
Fanfaren schmettern laut.
Es reichen sich selig die Hände
Bräutigam und Braut.

Es schwelgen im rauschenden Glanze
Frohe Damen und Herrn
Und wiegen sich lachend im Tanze. – –
Nur einer steht fern.

Der schluchzt an der Tür wie ein Knabe.
Hochzeit feiern sie laut,
Ihm tragen sie heute zu Grabe
Des anderen Braut.

Alone

Alone everybody is nice
Or wonderful –
Daß ich auch deutsch das sagen könnte, weiß
Ich, und behaupte 2 mal 10 ist Null.
Doch was ist jedermann? Und was sind die,
About wir schelten?
Vielleicht sind alle sie
An einer Stelle einzig oder selten.

Freundin, raff deine Röcke übers Knie
Und gehe leise, ohne Melodie
Und nur bei Dunkelheit
Mit mir durch all die Welten.

WEIL SIE WEICH SIND
UND MIT GRAZIE SICH BEWEGEN ...

Die Frau mit der Reiherfeder

Ich weiß nicht genau,
Warum ich so oft an die bleiche Frau
Mit der weißen Reiherfeder denke,
Mich immer in den Gedanken versenke:
Wie könnte es werden, wie würde es sein,
Wäre sie dein. – –
Ich weiß es nicht und frage vergebens.
Sie ist auf dem bunten Wege des Lebens
Irgendwo still mir vorübergegangen,
Die schöne Frau mit den bleichen Wangen.
Sie hat mich mit kalten Blicken gemessen;
Wir haben kein einziges Wort getauscht,
Doch sie hat mich mit fremdem Zauber berauscht,
Daß ich sie nimmer werde vergessen.
Etwas wie sehnende, nagende Glut
Will mir das pochende Herz zerreißen,
Denk ich der bleichen Frau mit der weißen,
Wehenden Reiherfeder am Hut.

Fresia

Fresia heißt eine blasse Blüte
Vornehmer, feiner Art.
Ihre Linien sind weich und zart.
Auf dem Seidengelb prangen erglühte
Rosige Schatten.
Fresia füllt mit liebesmatten,
Schweren, süßen Wolken die Luft,
Haucht einen heißen, sündigen Duft,
Der dir indische Märchen erzählt,
Der, vom Winde zerstäubt,
Dich lange noch quält,
Der dich belügt und dich schmeichelnd betäubt.
Ihre Schönheit birgt kein Gemüt.
Du lernst sie hassen.
Fresia mußt du rauh befassen,
Mußt sie töten, eh sie verblüht.
Ihre Schwäche und Güte
Werden von vielen verkannt. – –
Fresia heißt die Blüte. – – –
Fresia ist auch ein Mädchen,
Das ich nach dieser Blüte benannt.

Tropensehnsucht

Nashornida nannte ich die Kleine.
Eigentlich klingt das so mild.
Nashornida hatte Trampelbeine
Und war wild.

Nashornida hat mir einen Knochen,
Alle Gläser, Porzellan und die
Linke Wand vom Kleiderschrank zerbrochen.

Doch sie hat nach Afrika gerochen,
Und das reizte meine Phantasie.

Schöne Fraun mit schönen Katzen

Schöne Fraun und Katzen pflegen
Häufig Freundschaft, wenn sie gleich sind,
Weil sie weich sind
Und mit Grazie sich bewegen.

Weil sie leise sich verstehen,
Weil sie selber leise gehen,
Alles Plumpe oder Laute
Fliehen und als wohlgebaute
Wesen stets ein schönes Bild sind.

Unter sich sind sie Vertraute,
Sie, die sonst unzähmbar wild sind.

Fell wie Samt und Haar wie Seide.
Allverwöhnt. – Man meint, daß beide
Sich nach nichts, als danach sehnen,
Sich auf Sofas schön zu dehnen.

Schöne Fraun mit schönen Katzen,
Wem von ihnen man dann schmeichelt,
Wen von ihnen man gar streichelt,
Stets riskiert man, daß sie kratzen.

Denn sie haben meistens Mucken,
Die zuletzt uns andre jucken.
Weiß man recht, ob sie im Hellen
Echt sind oder sich verstellen?

Weiß man, wenn sie tief sich ducken,
Ob das nicht zum Sprung geschieht?
Aber abends, nachts, im Dunkeln,
Wenn dann ihre Augen funkeln,
Weiß man alles oder flieht
Vor den Funken, die sie stieben.

Doch man soll nicht Fraun, die ihre
Schönen Katzen wirklich lieben,
Menschen überhaupt, die Tiere
Lieben, dieserhalb verdammen.

Sind Verliebte auch wie Flammen,
Zu- und ineinander passend,
Alles Fremde aber hassend.

Ob sie anders oder so sind,
Ob sie männlich, feminin sind,
Ob sie traurig oder froh sind,
Aus Madrid oder Berlin sind,
Ob sie schwarz, ob gelb, ob grau, –

Auch wer weder Katz noch Frau
Schätzt, wird Katzen gern mit Frauen,
Wenn sie beide schön sind, schauen.

Doch begegnen Ringelnatzen
Häßlich alte Fraun mit Katzen,
Geht er schnell drei Schritt zurück.
Denn er sagt: Das bringt kein Glück.

Passantin

So schöner Wuchs! So schöne Haut!
So schöne Hände, schöne Haare.
Ganz Frauenanmut. – Und für wen gebaut?
Und für wie viele Jahre?

Aus Worten, Augen streichelt mich ein Geist,
Der mir gefällt und heimlich schön verspricht.
Für mich so schön, vielleicht für andre nicht. –
Was nützt es mir, da es vorrüberreist.

Und nützt mir doch, kann meine Phantasie
Versagtes in Konvexes übertragen. –

Die Wolke, die dich labt, du fängst sie nie;
Sie hört dich nicht, und du kannst ihr nichts sagen.

Liebesverse um Sonja

Überraschende Geschenke

Unerwartete Bescherung!
Lieb Sonja, ich gedenke
Deiner träumend in Verehrung.

Fand ich fern erliebte Gaben,
Innig, wie die Muschel gibt,
Liebe, die die Liebe liebt –
Welche Möglichkeit wir haben!

Was uns unverdient begegnet,
Frei und offen im Vertrauen,
Schöne Worte, Blumen, Frauen – –
Sonja, Sonja, sei gesegnet!

Sind wir frei?

Und hindert nichts mich, frei von dir zu reden,
Darf meine Liebste uns umschlungen sehn.
So können wir in jedes Wort, in jeden
Blick – lächelnden Gewissens sehn.

Nicht antworten, wenn Neugierige uns fragen.
Die wahren Freunde sind vertrauend scheu.
Und ach, du weißt: Ich bin der Liebsten treu.

Dir aber kann ich jetzt nur eines sagen:
Es ist so schön, wenn Menschen Menschen tragen.

Mutig vorm Spiegel!

Schminke dich nur und pudre dich fein,
Du niedliches Köpfchen!
Der Schöpfer liebt seine Geschöpfchen,
Läßt sie ausschaun, wie sie ausschaun
Wollen. Läßt sie also gern auch hübsch sein.
Färbt euch interessant, ihr Frauen!
Nur das Gewissen färbt nicht!
Würdet ihr wohl beim Jüngsten Gericht –
Stellt euch vor – sehr beklommen
Eingestehn, daß ihr für euer Gesicht
Schminke und Puder genommen?

Schminke ist genau so Natur
Wie ein Grashalm oder Sofakissen.
Färbt euch nur, schminkt euch, pudert euch nur!
Aber nie euer Gewissen.

Der liebe Gott wird nicht böse sein
Über ein menschenreizvolles Gesicht.
Wird ein Lächeln höchstens in seiner Größe sein.
Aber tadeln oder zürnen wird er nicht.

Wenn das andere in der Frau stimmt,
Was keine Aufmachung annimmt.

An Gabriele B.

Schenk mir dein Herz für vierzehn Tage,
Du weit ausschreitendes Giraffenkind,
Auf daß ich ehrlich und wie in den Wind
Dir Gutes und Verliebtes sage.

Als ich dich sah, du lange Gabriele,
Hat mich ein Loch in deinem Strumpf gerührt,
Und ohne daß du's weißt, hat meine Seele
Durch dieses Loch sich bei dir eingeführt.
Verjag sie nicht und sage: »Ja!«
Es war so schön, als ich dich sah.

Seemannstreue

Nafikare necesse est.
Meine längste Braut war Alwine.
Ihrer blauen Augen Gelatine
Ist schon längst zerlaufen und verwest. –
Alwine sang so schön das Lied:
»Ein Jäger aus Kurpfalz«.

Wie Passatwind stand ihr der Humor.
– Sonntags morgens wurde sie bestattet
In der Heide, wo kein Bäumchen schattet,
Und auch ihre Unschuld einst verlor.

Donnerstags grub ich sie wieder aus.
Da kamen mir schon ihre Ohrlappen
So sonderbar vor.

Freitags grub ich sie dann wieder ein.
Niemand sah das in der stillen Heide. –
Montags wieder aus. Von ihrem Kleide,
Das man ihr ins Grab gegeben hatte,
Schnitt ich einer Handbreit gelber Seide,
Und die trägt mein Bruder als Krawatte. –

Gruslig wars: Bei dunklem oder feuchten
Wetter fing Alwine an zu leuchten.
Trotzdem parallel zu ihr verweilen
Wollt ich ewiglich und immerdar.
Bis sie schließlich an den weichen Teilen
Schon ganz anders und ganz flüssig war.

Aus. Ein. Aus; so grub ich viele Wochen.
Doch es hat zuletzt zu schlecht gerochen.
Und die Nase wurde blauer Saft,
Wodrin lange Fadenwürmer krochen. –
Nichts für ungut: Das war ekelhaft. –
Und zuletzt sind mir die schlüpfrigen Knochen
Ausgeglitten und in lauter Stücke zerbrochen.

Und so nahm ich Abschied von die Stücke.
Ging mit einem Schoner nach Iquique,
Ohne jemals wieder ihr Gebein
Auszugraben. Oder anzufassen.

Denn man soll die Toten schlafen lassen.

Und vom Einst träum ich

Tiefe Stunden verrannen

Tiefe Stunden verrannen.
Wir rührten uns nicht.
In den alten Tannen
Schlief ein Gedicht.

Stieg ein Duft aus dem Heu,
Wie ihn die Heimat nur haucht. – –
Sahst du das Reh, das scheu
Dort aus dem Duster getaucht?

Wie es erst fremd und bang
Sich die Stille beschaute,
Leise sich näher getraute
Und jäh entsprang – –!

Weißt du, wir schwiegen und sannen:
Kommt es wohl wieder?
Und wir senkten die Lider.
Tiefe Stunden verrannen.

Mir ist, als bräch aus meinem Herz

Mir ist, als bräch aus meinem Herz
Ein Strom durchglühter Lavafluten.
Ach wüßtest du, wie hinter Scherz
So oft die tiefsten Wunden bluten.

Wenn ich mit Lachen von dir schied,
Wie Blütengelb war das zerstäubt,
Und wilder klang das wilde Lied,
Das deine Heiterkeit betäubt.

Das wilde Lied klang fort und fort,
Und nichts von jenem Lachen blieb,
Bis ich es fand das milde Wort.
Du sagtest einst: »Ich hab dich lieb!«

Nachtwanderung

Ich geh durch das schlafende Dorf bei Nacht.
Trüb flackert die alte Laterne.
Ein Fenster nur hell, wo die Liebe noch wacht,
Und über mir blinzeln die Sterne.

Noch stehen die Nelken im Blumentopf
Mit rosa Manschetten umwunden.
Ich glaube, ein schwarzbrauner, lachender Kopf
Ist eben dahinter verschwunden.

Ach nein, das Fenster ist dunkel und leer,
Wo ich so oftmals gesessen.
Das schwarzbraune Mädchen wohnt dort nicht mehr
Und hat mich wohl lang schon vergessen.

Mein Schatten ruft höhnisch: Bist alt! Bist alt!
Die Liebe gehört nur den Jungen. – – –
Ich wandere weiter. Mein Liedchen verhallt,
Wie meine Jugend verklungen.

Am alten Platz

Ihr seid es! Ich sehe euch wieder,
Ihr Tannen dunkelgrün,
Du alte Bank unterm Flieder.
Und aus des Brunnens Karfunkelsprühn
Klingen vergessene Lieder.

Wo einst wir süßes Gelüsten
Liebend und hoffend versäumt,
Wo wir uns tausendmal küßten,
Rauschen die Bäume, verhärmt und verträumt,
Als ob sie Alles wüßten.

Ich höre die Vögel singen
Von einem toten Kind
Und silberne Glocken klingen.
Mir ist, als müßte der Blütenwind
Ein Lächeln von ihr mir bringen.

Ritter Sockenburg

Wie du zärtlich deine Wäsche in den Wind
Hängst, liebes Kind
Vis à vis,
Diesen Anblick zu genießen,
Geh ich, welken Efeu zu begießen.
Aber mich bemerkst du nie.

Deine vogelfernen, wundergroßen
Kinderaugen, ach erkennen sie
Meiner Sehnsucht süße Phantasie,
Jetzt ein Wind zu sein in deinen Hosen –?

Kein Gesang, kein Pfeifen kann dich locken.
Und die Sehnsucht läßt mir keine Ruh.
Ha! Ich hänge Wäsche auf, wie du!
Was ich finde. Socken, Herrensocken;
Alles andre hat die Waschanstalt.
Socken, hohle Junggesellenfüße
Wedeln dir im Winde wunde Grüße.
Es ist kalt auf dem Balkon, sehr kalt.

Und die Mädchenhöschen wurden trocken,
Mit dem Winter kam die Faschingszeit.
Aber drüben, am Balkon, verschneit,
Eisverhärtet, hingen hundert Socken.

Ihr Besitzer lebte fern im Norden
Und war homosexuell geworden.

Ich tanzte mit ihr

Als Reiter die Steppe durchjagen –
Wandern in Schritten, ersungen aus gleichem Gefühl,
Oder mit Kühnheit gespannt den Wagen
Lenkend durch Gefahren und Straßengewühl –
Mit der Schaukel hinauf und hernieder,
Treibend im Boote über die Wellen gewiegt,
Mit dem Schlitten zu Tal. Und dann wieder
Auf, wie die Möwe dem Winde entgegenfliegt.

Und das alles allzumal
Genossen wir tanzend im Saal.
In uns kreiste das Blut und der Wein,
Um uns ein Fest mit Wänden und Händen,
Gesichtern, Lichtern und Gegenständen.
Wir standen in dem Ringelreihn
Eigentlich ganz allein,
Ein Mensch aus zwein.

Erinnerung an ein Erlebnis am Rhein

Ja, ja! – Ich weiß. – Du weißt. –
Vor neunundzwanzig Jahren –
Wie zärtlich grün wir waren! –
Damals. – Wie dankbar dreist! –
Und brauchte gar nicht mal am Rhein –
Es konnte irgend anderswo,
Vor schwarzen Mauern und auf Stroh
Gewesen sein. –
Weil wir doch wir, und weil wir so –
So waren. –
Vor neunundzwanzig Jahren.

Weil man nicht suchte, was man fand. –
Nun klingt das rührsam hell
Wie »Ade, du mein lieb Heimatland«
Aus einem Karussell.

Zu dir

Sie sprangen aus rasender Eisenbahn
Und haben sich gar nicht weh getan.

Sie wanderten über Geleise,
Und wenn ein Zug sie überfuhr,
Dann knirschte nichts. Sie lachten nur.
Und weiter ging die Reise.

Sie schritten durch eine steinerne Wand,
Durch Stacheldrähte und Wüstenbrand,
Durch Grenzverbote und Schranken
Und durch ein vorgehaltnes Gewehr,
Durchzogen viele Meilen Meer. –

Meine Gedanken. –

Ihr Kurs ging durch, ging nie vorbei.
Und als sie dich erreichten,
Da zitterten sie und erbleichten
Und fühlten sich doch unsagbar frei.

Sehnsucht nach zwei Augen

Diese Augen haben um mich geweint.
Denk ich daran, wird mir weh.
Wie die mir scheinen und spiegeln, so scheint
Keine Sonne, spiegelt kein See.

Und rührend dankten und jubelten sie
Für das kleinste gute Wort.
Diese Augen belogen mich nie.

Nun bin ich weit von ihnen fort,
Getrennt für Zeit voll Ungeduld.
Da träumt's in mir aus Leid und Schuld:
Daß sie noch einmal weinen
Werden über meinen
Augen, wenn ich tot bin.

An Annemarie Ruland

Limi, Seeheimer Laterne
Glüht rot.
Trennt uns nur die Feme?
Oder Not?
Von dem Wernerwalde
Und vom Einst
Träum ich, träum, daß balde
Du erscheinst.
Komm, daß neu erwarme
Altes Glück,
Komm in meine Arme
Mirzu Rück.

Und keins von diesen schönen Mädchen weiß –

Und keins von diesen schönen Mädchen kann
Die Spanne seiner Flügelmacht ermessen.

Ein älterer Herr hat neben ihr gesessen,
Sie einmal angeschaut, – ein älterer Mann.

Keins dieser jungen Mädchen weiß,
Wie alte, gute Augen auf sie blicken.
Sie hören Pulse, nicht die Uhren ticken.

Ein Trainsoldat, ganz jung, – den liebt sie heiß.

Wie vieles Wünschen und Verlangen
Wird unerfüllt unmerklich weggespült.

Alt ist geworden, wer das Leben fühlt. –

Nun ja: Der ältere Herr ist dann gegangen.

Und immer neu erlebt und neu bedichtet,
Ist das wohl recht und richtig eingerichtet?

Der Herr hat höflich, still zum Hut gefaßt.
Der Herr hat den Soldaten nie gehaßt.

Frankfurt am Main

September 1923

Wie ich mich auf dich freue!
Nur noch fünf Tage weit!
Wird!
Was ich auch scheue,
Niemals die Zeit.

Ich sitze wo und esse.
Um mich die Herrn von der Messe
Sind alle wichtig im Gefecht.
Ich wollte, ich wäre bezecht.

Nahbei, vor einem stolzen Hotel
(Wo man noch echten Whisky hat),
Schwemmt sich aus schöner Schale ein Quell,
Als weinte eine ganze Stadt
Ihre Zeitnot über den Rand.

Renée, ich küsse deine Hand.
Auf Wiedersehn!
Ich denke: Wenn nächstens vieles fällt,
Wir zwei bleiben stehn,
Solange wir wissen, was uns hält.

Abend am Strand

Abendglühgold zittert auf träumender See.
Eine Möwe zieht ihre einsamen Kreise.
Auf dem Wasser treibend, ein Boot. Und leise, leise
Bringt mir der Wind eine müde Weise. – –

Närrisches Herz, was stimmt dich so weh?

Postkarte

Sonjalein, Sonjalein,
In der fernen Stadt.
Jetzt beim Wein denk ich Dein.
Vor mir frißt ein Nimmersatt,
Der schon viel gefressen hat,
Weiter Schwein für Schwein.
Ich bin ganz allein.

Sonjalein, Sonjalieb,
Sonja, Sonjaleinchen,
Um bescheidenes Vogelpiep
Kümmert sich kein Schweinchen.

Gnädige Frau, bitte trösten Sie mich

Gnädige Frau, bitte trösten Sie mich
Über mein inneres Grau.
Das ist kein Scharwenz um ein Liebedich. –
Gnädige Frau, seien Sie gnädige Frau.

Mein Herz ward arm, meine Nacht ist schwer,
Und ich kann den Weg nicht mehr finden. –
Was ich erbitte, bemüht Sie nicht mehr,
Als wenn Sie ein Sträußchen binden.

Es kann ein Streicheln von euch, ein Hauch
Tausend drohende Klingen verbiegen.

Gnädige Frau,
Euer Himmel ist blau!

Ich friere. Es ist so lange kein Rauch
Aus meinem Schornstein gestiegen.

Du Meinziges, du Liebes

Ein Liebesbrief

Von allen Seiten drängt ein drohend Grau
Uns zu. Die Luft will uns vergehen.
Ich aber kann des Himmels Blau,
Kann alles Trübe sonnvergoldet sehen.
Weil ich dich liebe, dich, du frohe Frau.

Mag sein, daß alles Böse sich
Vereinigt hat, uns breitzutreten.
Drei Rettungswege gibt's: zu beten,
Zu sterben und »Ich liebe dich!«

Und alle drei in gleicher Weise
Gewähren Ruhe, geben Mut.
Es ist wie holdes Sterben, wenn wir leise
Beten: »Ich liebe dich! Sei gut!«

Umweg

Ging ein Herz durchs Hirn Güte suchen,
Fand sie nicht, doch hörte da durchs Ohr
Zwei Matrosen landbegeistert fluchen,
Und das kam ihm so recht rührend vor.

Ist das Herz dann durch die Nase krochen.
Eine Rose hat das Herz gestochen,
Hat das Herz verkannt.
In der Luft hat was wie angebrannt
Schlecht gerochen.

Und das Wasser schmeckte nach Verrat.
Leise schlich das Herz zurück,
Schlich sich durch die Hand zur Tat,
Hämmerte.
Und da dämmerte
Ihm das Glück.

Ich habe dich so lieb

Ich habe dich so lieb!
Ich würde dir ohne Bedenken
Eine Kachel aus meinem Ofen
Schenken.

Ich habe dir nichts getan.
Nun ist mir traurig zu Mut.
An den Hängen der Eisenbahn
Leuchtet der Ginster so gut.

Vorbei – verjährt –
Doch nimmer vergessen.
Ich reise.
Alles, was lange währt,
Ist leise.

Die Zeit entstellt
Alle Lebewesen.
Ein Hund bellt.
Er kann nicht lesen.
Er kann nicht schreiben.
Wir können nicht bleiben.

Ich lache.
Die Löcher sind die Hauptsache
An einem Sieb.

Ich habe dich so lieb.

Meine erste Liebe?

Erste Liebe? Ach, ein Wüstling, dessen
Herz so wahllos ist wie meins, so weit,
Hat die erste Liebe längst vergessen,
Und ihn intressiert nur seine Zeit.

Meine letzte Liebe zu beschreiben,
Wäre just so leicht wie indiskret.
Außerdem? Wird sie die letzte bleiben,
Bis ihr Name in der »Woche« steht?

Meine Abenteuer in der Minne
Müssen sehr gedrängt gewesen sein.
Wenn ich auf das erste mich besinne,
Fällt mir immer noch ein frühres ein.

Gedicht in Bi-Sprache

Ibich habibebi dibich,
Lobittebi, sobi liebib.
Habist aubich dubi mibich
Liebib? Neibin, vebirgibib.

Nabih obidebir febirn,
Gobitt seibi dibir gubit.
Meibin Hebirz habit gebirn
Abin dibir gebirubiht.

An M.

Der du meine Wege mit mir gehst,
Jede Laune meiner Wimper spürst,
Meine Schlechtigkeiten duldest und verstehst – –.
Weißt du wohl, wie heiß du oft mich rührst?

Wenn ich tot bin, darfst du gar nicht trauern.
Meine Liebe wird mich überdauern
Und in fremden Kleidern dir begegnen
Und dich segnen.

Lebe, lache gut!
Mache deine Sache gut!

Freundschaft

Zweiter Teil

Die Liebe sei ewiger Durst.
Darauf müßte die Freundschaft bedacht sein.
Und, etwa wie Leberwurst,
Immer neu anders gemacht sein.

Damit man's nicht überkriegt.
Wer einmal den Kanal
Überfliegt,
Merkt: Der ist so und so breit.
Und das ändert sich kaum
In menschlein-absehbarer Zeit.
Wohl aber kann man dies Zwischenraum
Schneller oder kürzer durchqueren.
Wie? Das muß die Freundschaft uns lehren.

Ach, man sollte diesen allerhöchsten Schaft,
Immer wieder einmal jünglingshaft
Überschwenglich begießen.
Eh' uns jener ausgeschlachtete Knochenmann dahinrafft.

Heimliche Stunde

Ein kleiner Spuk durch die Dampfheizung ging.
Keine Uhr war aufgezogen.
Ein zu früh geborener Schmetterling
Kam auf das Schachbrett geflogen.

Es ging ein Blumenvasenblau
Mit der Sonne wie eine Schnecke.
Ich liebe Gott und meine Frau,
Meine Wohnung und meine Decke.

Missglücktes Liebesabenteuer

Das Herz sitzt über dem Popo. –
Das Hirn überragt beides.
Leider! Denn daraus entspringen so
Viele Quellen des Leides.

Doch ginge uns plötzlich das Hirn ins Gesäß
Und die Afterpracht in die Köpfe,
Wir wären noch minder als hohles Gefäß,
Nur gestürzte, unfertige Töpfe.

Herz, Arsch und Hirn. – Ich ziehe retour
Meine kleinliche Überlegung. –
Denn dieses ganze Gedicht kommt nur
Aus einer enttäuschten Erregung.

Zu einem Geschenk

Ich wollte Dir was dedizieren
Nein, schenken; was nicht zuviel kostet,
Aber was aus Blech ist, rostet
Und die Messinggegenstände oxydieren.
Und was kosten soll es eben doch.
Denn aus Mühe mach ich extra noch
Was auch hinzu, auch kleine Witze.
Wär' bei dem, was ich besitze,
Etwas Altertümliches dabei
Doch was nützt Dir meine Lanzenspitze!
An dem Bierkrug sind die beiden
Löwenköpfe schon entzwei
Und den Buddha mag ich selber leiden.
Und du sammelst keine Schmetterlinge
Die mein Freund aus China mitgebracht.
Nein das Sofa und so große Dinge
Kommen überhaupt nicht in Betracht.
Außerdem gehören sie nicht mir.
Ach, ich hab' die ganze letzte Nacht
Rumgegrübelt, was ich Dir
Geben könnte. Schlief deshalb nur eine
Allerhöchstens zwei von sieben Stunden,
Und zum Schluß hab' ich doch nur dies kleine
Lumpige beschißne Ding gefunden.
Aber gern hab ich für dich gewacht.

Was ich nicht vermochte, tu du's: Drücke du
Nun ein Auge zu.
Und bedenke
Daß ich Dir fünf Stunden Wache schenke.
Laß mich auch in Zukunft nicht in Ruh.

Kleines Gedichtchen

Kleines Gedichtchen,
Ziehe denn hinaus!
Mach ein lustiges Gesichtchen.
Merke dir aber mein Haus.

Geh ganz langsam und bescheiden
Zu ihr hin, klopf an die Tür,
Sag, ich möchte sie so leiden,
Doch ich könnte nichts dafür.

Antwort, nein, bedarf es keiner.
Sprich nur einfach überzeugt.
Dann verbeug dich, wie ein kleiner
Bote schüchtern sich verbeugt.

Und dann, kleines Gedichtchen du,
Sag noch sehr innig: »Geruhsame Ruh«.

Privat-Telegramm

Unsere Kasse darf leer sein.
Doch dein Herz darf nicht schwer sein.

Jedes entschlüpfte harte Wort
Von mir, – streichle du sofort!
Und rate mir in gleichem Sinn!!!
Jedes Schmollschweigen tobt ohne Sinn

Hetzerisch durch die Brust.
Ärger ist stets Verlust,
Und Verzeihung ist immer Gewinn.

Unsrer beider Herzen mögen schwer sein
Durch gemeinsames Mißgeschick.
Aber keine Stunde zwischen uns darf liebeleer sein.

Denn ich liebe dich durch dünn und dick.

Mein M.

Sie machen einem gar die Liebe schwer.
Ich liebe doch. Und liebe viele sehr.
Und hab ich mich mit einem M verschworen,
Wir schwuren's nie. Und jeder kann das tun.

Nun laßt doch jede Untersuchung ruhn!!
Ich bin so glücklich für mein M geboren.

Umarm ihn nicht

Umarme den, der dir gefällt.
Vorbei ist er dir leicht verloren.

Ich nehme an, dein Geist hat Ohren
Zu hören, was man von dir hält.

Umarme ihn, wenn eine Glut
Dich vorwärts drängt, ihn zu begrüßen.
Dann leg ihm deinen Mut zu Füßen.
Und mache kein Geschäft. – Sei gut.

Du warst zu dreist, wenn du nicht lesen
Kannst, ob ihn die Umarmung freut.

Ich bin auch mehrmals so in Glut gewesen
Und hielt mich still. Hab mich gescheut,
Und hab Versäumtes hinterher bereut.

Und glaube doch: Wir brauchen weite Fernen,
Einander wahr und rein kennen zu lernen.

Wie machen wir uns gegenseitig das Leben leichter?

Wir haben zu großen Respekt vor dem,
Was menschlich über uns himmelt.
Wir sind zu feig oder sind zu bequem,
Zu schauen, was unter uns wimmelt.

Wir trauen zu wenig dem Nebenuns.
Wir träumen zu wenig im Wachen.
Und könnten so leicht das Leben uns
Einander leichter machen.

Wir dürften viel egoistischer sein
Aus tierisch frommem Gemüte. –
In dem pompösesten Leichenstein
Liegt soviel dauernde Güte.

Ich habe nicht die geringste Lust,
Dies Thema weiter zu breiten.
Wir tragen alle in unsrer Brust
Lösung und Schwierigkeiten.

Und auf einmal steht es neben dir

Und auf einmal merkst du äußerlich:
Wieviel Kummer zu dir kam,
Wieviel Freundschaft leise von dir wich,
Alles Lachen von dir nahm.

Fragst verwundert in die Tage.
Doch die Tage hallen leer.
Dann verkümmert deine Klage …
Du fragst niemanden mehr.

Lernst es endlich, dich zu fügen,
Von den Sorgen gezähmt.
Willst dich selber nicht belügen
Und erstickst es, was dich grämt.

Sinnlos, arm erscheint das Leben dir,
Längst zu lang ausgedehnt. – –
Und auf einmal – –: Steht es neben dir,
An dich angelehnt – –
Was?
Das, was du so lang ersehnt.

Liebesbrief

So kann es nun nicht weitergehn!
Das, was besteht, muß bleiben.
Wenn wir uns wieder wiedersehn,
Muß irgendetwas geschehn.
Was wir dann auf die Spitze treiben.
Was – was auf einer Spitze tut?
Gewiß nicht Plattitüden.
Denn was auf einer Spitze ruht,
Wird nicht so leicht ermüden.
Auf einer Bank im Grunewald
Zu zweit im Regen sitzen,
Ist blöd. Mut, Mädchen! Schreibe bald!
Dein Fritz! (Remember Spitzen)

Freiübungen

(Grundstellung)
Wenn eine Frau in uns Begierden weckt
Und diese Frau hat schon ihr Herz vergeben,
Dann (Arme vorwärts streckt!)
Dann ist es ratsam, daß man sich versteckt.
Denn später (langsam auf den Fersen heben!)
Denn später wird uns ein Gefühl umschweben,
Das von Familiensinn und guten Eltern zeugt.
(Arme – beugt!)
Denn was die Frau an einem Manne reizt,
(Hüften fest – Beine spreizt! – Grundstellung)
Ist Ehrbarkeit. Nur die hat wahren Wert,
Auch auf die Dauer (Ganze Abteilung, kehrt!).
Das ist von beiden Teilen der begehrtste,
Von dem man sagt: (Rumpfbeuge) Das ist der allerwertste.

Es waren zwei Moleküle

Um die Schwalbe

Mir träumte, ein kleines Schwälbchen
Flöge über das Meer.
Ein fremder, häßlicher Vogel,
Der jagte hinter ihm her.

Und eine weiße Möwe
Schloß sich zum Wettflug an,
Bis sie dem wilden Jäger
Die Beute abgewann.

Die schnelle, weiße Möwe
Haschte das süßeste Glück.
Es blieb der wilde Fremdling
Weit hinter ihr zurück.

* * *

Ich kenne das Schwälbchen, die Möwe,
Hab neidlos sie oft belauscht,
Wenn sie in junger Liebe
Worte und Küsse getauscht.

Ich kenne den losen Vogel,
Der hinter ihnen blieb,
Und weiß, auch er hat das Schwälbchen
Noch immer so herzlich lieb.

Ein Nagel saß in einem Stück Holz

Ein Nagel saß in einem Stück Holz.
Der war auf seine Gattin sehr stolz.
Die trug eine goldene Haube
Und war eine Messingschraube.

Sie war etwas locker und etwas verschraubt,
Sowohl in der Liebe, als auch überhaupt.
Sie liebte ein Häkchen und traf sich mit ihm
In einem Astloch. Sie wurden intim.

Kurz, eines Tages entfernten sie sich
Und ließen den armen Nagel im Stich.
Der arme Nagel bog sich vor Schmerz.
Noch niemals hatte sein eisernes Herz
So bittere Leiden gekostet.

Bald war er beinah verrostet.
Da aber kehrte sein früheres Glück,
Die alte Schraube, wieder zurück.
Sie glänzte übers ganze Gesicht.
Ja, alte Liebe, die rostet nicht!

Ein männlicher Briefmark erlebte

Ein männlicher Briefmark erlebte
Was Schönes, bevor er klebte.
Er war von einer Prinzessin beleckt.
Da war die Liebe in ihm erweckt.

Er wollte sie wiederküssen,
Da hat er verreisen müssen.
So liebte er sie vergebens.
Das ist die Tragik des Lebens!

Der Weihnachtsbaum

Es ist eine Kälte, daß Gott erbarm!
Klagte die alte Linde,
Bog sich knarrend im Winde
Und klopfte leise mit knorrigem Arm
Im Flockentreiben
An die Fensterscheiben.
Es ist eine Kälte! Daß Gott erbarm!
Drinnen im Zimmer war's warm.
Da tanzte der Feuerschein so nett
Auf dem weißen Kachelofen Ballett.
Zwei Bratäpfel in der Röhre belauschten,
Wie die glühenden Kohlen
Behaglich verstohlen
Kobold- und Geistergeschichten tauschten.
Dicht am Fenster im kleinen Raum
Da stand, behangen mit süßem Konfekt,
Vergoldeten Nüssen und mit Lichtern besteckt,
Der Weihnachtsbaum.
Und sie brannten alle, die vielen Lichter,
Aber noch heller strahlten am Tisch
(Es läßt sich wohl denken
Bei den vielen Geschenken)
Drei blühende, glühende Kindergesichter. –
Das war ein Geflimmer
Im Kerzenschimmer!
Es lag ein so lieblicher Duft in der Luft
Nach Nadelwald, Äpfeln und heißem Wachs.
Tatti, der dicke Dachs,

Schlief auf dem Sofa und stöhnte behaglich.
Er träumte lebhaft, wovon, war fraglich,
Aber ganz sicher war es indessen,
Er hatte sich schon (die Uhr war erst zehn)
Doch man mußte 's gestehn,
Es war ja zu sehn,
Er hatte sich furchtbar überfressen. –
Im Schaukelstuhl lehnte der Herzenspapa
Auf dem nagelneuen Kissen und sah
Über ein Buch hinweg auf die liebe Mama,
Auf die Kinderfreude und auf den Baum.
Schade, nur schade,
Er bemerkte es kaum,
Wie schnurgerade
Die Bleisoldaten auf dem Baukasten standen
Und wie schnell die Pfefferkuchen verschwanden.
– Und die liebste Mama? – Sie saß am Klavier.
Es war so schön, was sie spielte und sang,
Ein Weihnachtslied, das zu Herzen drang.
Lautlos horchten die andern Vier.
Der Kuckuck trat vor aus der Schwarzwälderuhr,
Als ob auch ihm die Weise gefiel. – –
Leise, ergreifend verhallte das Spiel.
Das Eis an den Fensterscheiben taute,
Und der Tannenbaum schaute
Durchs Fenster die Linde
Da draußen, kahl und beschneit
Mit ihrer geborstenen Rinde.
Da dachte er an verflossene Zeit
Und an eine andere Linde,
Die am Waldesrand einst neben ihm stand,

Sie hatten in guten und schlechten Tagen
Einander immer so lieb gehabt.
Dann wurde die Tanne abgeschlagen,
Zusammengebunden und fortgetragen.
Die Linde, die Freundin, die ließ man stehn.
Auf Wiedersehn! Auf Wiedersehn!
So hatte sie damals gewinkt noch zuletzt. –
Ja daran dachte der Weihnachtsbaum jetzt,
Und keiner sah es, wie traurig dann
Ein Tröpfchen Harz, eine stille Träne,
Aus seinem Stamme zu Boden rann.

Blindschl

Ich hatte einmal eine Liebschaft mit
Einer Blindschleiche angefangen;
Wir sind ein Stück Leben zusammen gegangen
Im ungleichen Schritt und Tritt.

Die Sache war ziemlich sentimental.
In einem feudalen Thüringer Tal
Fand ich – nein glaubte zu finden – einmal
Den ledernen Handgriff einer
Damenhandtasche. Es war aber keiner.

Ich nannte sie »Blindschl«. Sie nannte mich
Nach wenigen Tagen schon »Eicherich«
Und dann, denn sie war sehr gelehrig,
Verständlicher abgekürzt »Erich«.

Allmittags haben gemeinsam wir
Am gleichen Tische gegessen,
Sie Regenwürmer mit zwei Tropfen Bier,
Ich totere Delikatessen.

Sie opferte mir ihren zierlichen Schwanz.
Ich lehrte sie überwinden
Und Knoten schlagen und Spitzentanz,
Schluckdegen und Selbstbinder binden.

Sie war so appetitlich und nett.
Sie schlief Nacht über in meinem Bett
Als wie ein kühlender Schmuckreif am Hals,
Metallisch und doch so schön weichlich.
Und wenn ihr wirklich was schlimmstenfalls
Passierte, so war es nie reichlich.

Kein Sexuelles und keine Dressur.
Ich war ihr ein Freund und ein Lehrer,
Was keiner von meinen Bekannten erfuhr;
Wer mich besuchte, der sah sie nur
Auf meinem Schreibtisch steif neben der Uhr
Als bronzenen Briefbeschwerer.

Und Jahre vergingen. Dann schlief ich einmal
Mit Blindschl und träumte im Betti
(Jetzt werde ich wieder sentimental)
Gerade, ich äße Spaghetti.

Da kam es, daß irgendwas aus mir pfiff.
Mag sein, daß es fürchterlich krachte.
Fest steht, daß Blindschl erwachte
Und – sie, die sonst niemals nachts muckte –
Wild züngelte, daß ich nach ihr griff
Und sie, noch träumend, verschluckte.

Es gleich zu sagen: Sie ging nicht tot.
Sie ist mir wieder entwichen,
Ist in die Wälder geschlichen
Und sucht dort einsam ihr tägliches Brot.

Vorbei! Es wäre – ich bin doch nicht blind –
Vergebens, ihr nachzuschleichen.
Weil ihre Wege zu dunkel sind.
Weil wir einander nicht gleichen.

Seepferdchen

Als ich noch ein Seepferdchen war,
Im vorigen Leben,
Wie war das wonnig, wunderbar,
Unter Wasser zu schweben.
In den träumenden Fluten
Wogte, wie Güte, das Haar
Der zierlichsten aller Seestuten,
Die meine Geliebte war.
Wir senkten uns still oder stiegen,
Tanzten harmonisch umeinand,
Ohne Arm, ohne Bein, ohne Hand,
Wie Wolken sich in Wolken wiegen.
Sie spielte manchmal graziöses Entfliehn,
Auf daß ich ihr folge, sie hasche,
Und legte mir einmal im Ansichziehn
Eierchen in die Tasche.
Sie blickte traurig und stellte sich froh,
Schnappte nach einem Wasserfloh
Und ringelte sich
An einem Stengelchen fest und sprach so:
Ich liebe dich!
Du wieherst nicht, du äpfelst nicht,
Du trägst ein farbloses Panzerkleid
Und hast ein bekümmertes altes Gesicht,
Als wüßtest du um kommendes Leid.
Seestütchen! Schnörkelchen! Ringelnaß!

Wann war wohl das?
Und wer bedauert wohl später meine restlichen Knochen?
Es ist beinahe so, daß ich weine –
Lollo hat das vertrocknete, kleine
Schmerzverkrümmte Seepferd zerbrochen.

Lampe und Spiegel

»Sie faule, verbummelte Schlampe!«
sagte der Spiegel zur Lampe.
»Sie altes, schmieriges Scherbenstück!«
gab die Lampe dem Spiegel zurück.
Der Spiegel in seiner Erbitterung
bekam einen ganz gewaltigen Sprung.
Der zornigen Lampe verging die Puste:
Sie fauchte, rauchte, schwelte und ruste.
Das Stubenmädchen ließ beide in Ruhe
und doch – man schob ihr die Schuld in die Schuhe.

Ein ganzes Leben

»Weißt du noch«, so frug die Eintagsfliege
Abends, »wie ich auf der Stiege
Damals dir den Käsekrümel stahl?«

Mit der Abgeklärtheit eines Greises
Sprach der Fliegenmann: »Gewiß, ich weiß es!«
Und er lächelte: »Es war einmal –«

»Weißt du noch«, so fragte weiter sie,
»Wie ich damals unterm sechsten Knie
Jene schwere Blutvergiftung hatte?« –

»Leider«, sagte halb verträumt der Gatte.

»Weißt du noch, wie ich, weil ich dir grollte,
Fliegenleim-Selbstmord verüben wollte?? –

Und wie ich das erste Ei gebar?? –
Weißt du noch, wie es halb sechs Uhr war?? –
Und wie ich in Milch gefallen bin?? –«

Fliegenmann gab keine Antwort mehr,
Summte leise, müde vor sich hin:
»Lang, lang ist's her – – lang – – –«

Tante Qualle und der Elefant

Die Tante Qualle schwamm zum Strand.
Es liebte sie ein Elefant,
Mit Namen Hildebrand genannt.
Der wartete am Meeresstrand
Mit einem Sträußchen in der Hand.
Das übergab er ihr galant
Und bat um Tante Quallens Hand.
Da knüpften sie ein Eheband.
Der Doktor Storch, der abseits stand,
Der dachte: »Armer Hildebrand!«
Worauf er weiterging und lachte.
– – – – – – – – – – – – – – – –
Warum der Storch wohl so was dachte?

Ein Taschenkrebs und ein Känguruh

Ein Taschenkrebs und ein Känguruh,
Die wollten sich ehelichen.
Das Standesamt gab es nicht zu,
Weil beide einander nicht glichen.
Da riefen sie zornig: »Verflucht und verdammt
Sei dieser Bureaukratismus!«
Und hingen sich auf vor dem Standesamt
An einem Türmechanismus.

Nun sind wir allein. Und es ist Nacht

Verlockung

Ich sitze fast einsam im warmen Raum.
Die graue Katze hat sich zu mir gesellt.
Irgend jemand – ich sah es kaum –
Hat mir den Wein auf den Tisch gestellt.

Ein schmeichelndes Fell streicht meine Hand,
Die so verwöhnt in diesem Haus.
Der Ampelschatten an der Wand
Streckt lange Spinnenbeine aus.

Aus trübem Glase blinzelt ein Licht.
Es tickt die Uhr, verträumt, verjährt, – –
Noch ist die schwüle Stunde nicht,
Da hier die Freude schäumt und gärt.

Im Nebenraum erwachen weiche Lieder.
Ich will von dieser Stimme heut nichts wissen,
Und doch – – – Ich denke an verbuhlte Kissen,
An weiße Spitzen, an ein schlankes Mieder.

Ich stehe, – gehe, – kämpfend, zweifelnd, – lauschend – –
Vorbei! – – Und hinter mir rauscht die Portiere.
Mit einem Duft von indisch süßer Schwere
Küßt mich der Wollust holdes Gift berauschend.

Dreiste Blicke

Über die Knie
Unter ein Röckchen zu schaun – –
Wenn sie doch das und die
Haben, die schönen Fraun!

Über einen öffnenden Saum
In Täler zwischen Brüstchen
Darf Blick wie stiller Traum
Stürzen sein Lüstchen.

Sollen doch Frauen auch
So blicken, – nicht schielen –
Wenn Arm, Popo und Bauch
In Fältchen spielen.

Nimm, was der Blick dir gibt,
Sei es, was es sei.
Bevor sich das selber liebt,
Ist's schon vorbei.

Ferngruß von Bett zu Bett

Wie ich bei dir gelegen
Habe im Bett, weißt du es noch?
Weißt du noch, wie verwegen
Die Lust uns stand? Und wie es roch?

Und all die seidenen Kissen
Gehörten deinem Mann.
Doch uns schlug kein Gewissen.
Gott weiß, wie redlich untreu
Man sein kann.

Weißt du noch, wie wir's trieben,
Was nie geschildert werden darf?
Heiß, frei, besoffen, fromm und scharf.
Weißt du, daß wir uns liebten?
Und noch lieben?

Man liebt nicht oft in solcher Weise.
Wie fühlvoll hat dein spitzer Hund bewacht.
Ja unser Glück war ganz und rasch und leise.
Nun bist du fern.
Gute Nacht.

Zimmermädchen

Die Zimmermädchen der Hotels,
Die meine Betten schlagen und dann glätten,
Ach wenn sie doch ein wenig Ahnung hätten
Vom Unterschiede zwischen Polster und Fels.

Ach wüßtet ihr, wie süß ihr für mich ausseht
Im Arbeitskleid, ihr Engel der Hotels!

Wenn wirklich eine heimlich mit mir ausgeht,
Dann trägt sie Seide und trägt sogar Pelz,
Sei's auch nur Wunderwandlung Hasenfells.

Dann im Café krümmt ihr beim Tasseheben
Den kleinen, roten Finger nach Manier.

Und du merkst nicht, wie gern ich doch mit dir
Oft eine Stunde möchte unmanierlich leben.
Und würde dann – nebst Geld – als Souvenir
Ein schließend, stilles, zartes Streicheln geben.

Und würdet ihr dies Streicheln doch nicht spüren.
Denn ihr bedient nur Nummern an den Türen.

Und wenn sie schlichte Ehre eng verschließen,
Dann dienen sie, da andere genießen.

Hab ich euch tausendmal in Korridoren
Heiß zugesehn und heiser angesehn,
Was ich erträumte, war voraus verloren.
Denn meine Liebe könnt ihr nicht verstehn.

Offener Antrag auf der Straße

Ich habe einen Frisiersalon.
Komm mit. Dort wollen wir knutschen.
Ich wollte, ich wäre ein Malzbonbon
Und du, du würdest mich lutschen.

Wir geben dem Lehrbub den Nachmittag frei
Und schreiben »Geschlossen bis sieben«.
Ich habe Rotwein im Laden und drei
Dicke Roßhaarsäcke zum Lieben.

Ich werde dich unentgeltlich frisiern
Und dir die Nägel beschneiden.
Du brauchst dich gar nicht vor mir geniern,
Denn ich mag dicke Fraun leiden.

Ich habe auch Schwarzbrot und Butter und Quark
Und außerdem einen großen – –
Donnerwetter, sind deine Muskeln stark!
Du, zeig mal: Was hast du für Hosen?

Wenn du dann fortgehst, bedanke dich nicht,
Sondern halt es mit meinem Freund Franke.
Der sagt immer, wenn man vom lieben Gott spricht:
»Wem's gut geht, der sagt nicht danke.«

Ein Liebesnacht-Wörtchen

Ja – – ja! – – ja!! – – ja!!! – –
Du hast so süße Höschen.
Nun sind wir allein. Und es ist Nacht.
Ach hätte ich dir doch ein Röschen
Mitgebracht.

Marter in Bielefeld

Es war in Bielefeld so bitter kalt.
Ich sah ein Weib, das nichts als eine knappe
Hemdhose trug. Daß ich erschauerte
Und ihren kalten Zustand heiß bedauerte.
Denn sie war nur Attrappe – Fleisch aus Pappe.

Ich wäre gar zu gern zu zweit gewesen.
Nun stand ich vor der reizenden Gestalt,
Mußte herabgesetzte Preise lesen,
Und ach, die Ladenscheibe war so kalt.

Der Frost entlockte meiner Nase Tränen.
Die Dame schwieg. Die Sonne hat gelacht.
In mir war qualvoll irgendwas entfacht.
Es kann kein Mann vor Damenwäsche gähnen.

Lautsprecher

Du weißt sehr wohl, was du erweckst,
Du Frau, mit deinen schönen Beinen.
Ob du sie wenig oder mehr versteckst.
Das ist ein Spiegelspiel mit Scheinen.

Spiel muß die Phantasie belügen.
Lüge ermißt nicht, was sie nimmt.
Die Kühnheit nur genießt Vergnügen,
Die weit hinaus in Klarheit schwimmt.

Bein: Knochen, Fleisch und Haut daran.
Auf die Gefahr hin, daß dein Ehemann
Mir Hut und Hirn zerknüllt,
Drängt es mich, laut in alle Welt zu schrein:
O schöne Frau, ich möchte eingehüllt
In tausend Beine so wie deine sein.

Mein Riechtwieich

Gutes Bettchen du!
Ich gehe jetzt in dich. Gute Nacht!
Wünsche angenehme Ruh. –
Und auf einmal ist's wieder früh,
Bin ich wieder aufgewacht,
Habe dich naß gemacht –
Herzeleid – Pupo – Pipü.

Bett, ich falle in dich, du mein Bett.
Ich will nichts mehr wissen.
Sticke mich tot mit Gänsekissen.
Ich pfeife auf Schweinskotelett
Und Schutzmann und Feuer im Haus;
Mir ist alles egal.
Eigentlich müßte ich noch einmal –
Aber ich zwing's heute nicht.
Bitte – lie Bett – puste das Licht –

Altes Bettchen, hallo!
Wir brechen in dich hinein;
Ja schau nur: Zu zwein!
Nun knurre, knarre nicht so.
Heute geht's stürmisch zu.
Anna, komm doch! Ich friere. Huhu!
Möge uns Gott verzeihn.
Aber das wissen nur Anna und ich und du.

Bettchen, wo fährst du denn hin??
Nun gut, fahr immer zu.
Im Kreise und auf die Reise.
Nach Afrika. Wir besuchen ein Gnu.
Gute Nacht, Anna, ich bin –
Müde bin ich Känguruh.

Letztes Wort an eine Spröde

Wie ich bettle und weine –
Es ist lächerlich.
Schließe deine Beine! –
Ich liebe dich.

Schließe deine Säume
Oben und unten am Rock.
Was ich von dir träume,
Träumt ein Bock.

Sage: Ich sei zu dreist.
Zieh ein beleidigtes Gesicht.
Was »Ich liebe dich« heißt,
Weiß ich nicht.

Zeige von deinen Beinen
Nur die Konturen kokett.
Gehe mit einem gemeinen,
Feschen Heiratsschwindler zu Bett.

Finde ich unten im Hafen
Heute ein hurendes Kind,
Will ich bei ihr schlafen;
Bis wir fertig sind.

Dann: – die Türe klinket
Leise auf und leise zu.
Und die Hure winket –
Glücklicher als du.

Liebeszettel

In Eile – Du! Du!! – Am Donnerstag
Wie letztmals, himmlisch dasselbe!!!
(Nur bitte – wenn es sich fügen mag –
Diesmal wieder das gelbe – !!!

Hong-Kong

Ich erhielt heute deinen beleidigten Brief.
Deine Nachschnüffeleien kränken mich tief.
Und erstens ist Tay-Fi kein Frauenzimmer,
Dann zweitens treiben es andre viel schlimmer,
Und drittens hab' ich – parteilos betrachtet –
Zwar mit ihr in einem gemeinsamen Zimmer
Im *Grand Hotel Discrétion* übernachtet,
Doch war überhaupt nur dies Zimmer noch frei,
Und wie die Betten zunander standen,
(Vergleiche die kleine Skizze anbei)
Ist gar kein Grund zu Verdächten vorhanden. –
Im übrigen weißt du: Ich liebe dich *sehr.*
So lange von dir getrennt zu sein,
Erträgt aber niemand. Ich bin doch kein Stein,
Und ich brauche – ganz schroff gesagt: mehr Verkehr.
Alle Männer, auch Frauen, ganz nebenher
Gesagt, alle Völker brauchen dasselbe!
Und diese blöde, luetische, gelbe
Chinesin kommt ernstlich doch nicht in Betracht.
Wir haben uns halt mal per Zufall gefunden
Und ein paar anregende Stunden verbracht.
Man kann doch nicht ewig die ausgeschwätzte
Gleiche Gesellschaft und Gegend erleben.

* * *

Wenn man alle Münchner nach Preußen versetzte
Und umgekehrt. Und auch andererseits,
Etwa die Fakire nach der Schweiz. –
Was würde das Perspektiven ergeben! –
Wollen doch nicht am Alltäglichen kleben.
Großzügig sein! Also zürne nicht mehr. –
Du weißt, welche Zeit dein Brief bis hierher
Bei dem miserablichten Dampferverkehr
Gebraucht, und wie lange es wiederum währt,
Bis du endlich meine Rückantwort liest.
Und dann – und ich habe das eben beniest –
Ist doch die ganze Affäre verjährt.

Bordell

8.

Guten Morgen, mein Schätzchen,
Leb wohl! Du bist wie ein Kätzchen
So schmiegsam und samtig.
Was? Du willst heute kein Geld?
Was dir doch einfällt!
Tust du's denn etwa ehrenamtlich?
Vielleicht für das Kartenlegen?
Sage doch, Liebling, weswegen
Willst du kein Geld heute? Nimm es doch hin!
Weil ich ein armer Künstler bin?
Freilich, wir sind Kollegen.
Das nächstemal leg ich dir wieder die Karten.
Nun muß ich fort. Meine Frau wird warten.
Du weißt doch, daß ich verheiratet bin?
Du aber bleibst meine süße kleine
Freundin. Und Beine hast du! Beine
Wie eine Königin.

Am Hängetau

Das Hängetau ist lang und steil.
Jedoch die Übung an dem Seil
Ist heilsam und veredelt.
Dieweil du kletterst, wächst das Tau
Dir hintenraus und wedelt
À la Wauwau.

Marie, die unten nach dir blickt,
Kommt mit der Quaste in Konflikt.

Ich wette um ein Faß Gelee:
Drei Meter über der Erden
Erfaßt dich plötzlich die Idee,
Du möchtest Seemann werden.

Der Kletterschluß mißlingt dir freilich.
Er klingt auch häßlich papageilich.
Schon dieserhalb und um so mehr
Schwankst du verzweifelt hin und her,
Als atemloser Pendel.
Und jäh umgibt dich in der Luft
Ein unartikulierter Duft
Sehr abseits von Lavendel.

Und dann erreichst du ganz verzagt
Den Balken unter Pusten,
Und weil Marie von unten fragt,
Und weil die Stimme dir versagt,
So fängst du an zu husten.

Die Dame fragt, ob schwindelfrei
Und schüttelt die Manilla.
Du mimst voll Angst und Heuchelei
Den schwärmenden Gorilla.
Doch weil allmählich Zeit vergeht
Und nirgends eine Leiter steht,
Entschließt du dich voll Grausen
Und präsentierst dein Hinterteil
Und angelst lange nach dem Seil
Und läßt dich plötzlich sausen.

Du plumpst der Dame auf die Brust
Und tust, als tatst du das bewußt,
Und blähst dich wie ein Segel.
Und nickst ein heiteres Allheil!
Und lachst und fühlst dich doch derweil
Teils Burschenschaft, teils Flegel.

Kein Mädchen, nicht einmal die Braut,
Sieht gerne Hände ohne Haut.

Guten Abend, schöne Unbekannte!

Ansprache eines Fremden an eine Geschminkte vor dem Wilberforcemonument

Guten Abend, schöne Unbekannte! Es ist nachts halb zehn.
Würden Sie liebenswürdigerweise mit mir schlafen gehn?
Wer ich bin? –Sie meinen, wie ich heiße?

Liebes Kind, ich werde Sie belügen,
Denn ich schenke dir drei Pfund.
Denn ich küsse niemals auf den Mund.
Von uns beiden bin ich der Gescheitre.
Doch du darfst mich um drei weitre
Pfund betrügen.

Glaube mir, liebes Kind:
Wenn man einmal in Sansibar
Und in Tirol und im Gefängnis und in Kalkutta war,
Dann merkt man erst, daß man nicht weiß, wie sonderbar
Die Menschen sind.

Deine Ehre, zum Beispiel, ist nicht dasselbe
Wie bei Peter dem Großen *L'honneur*. –
Übrigens war ich – (Schenk mir das gelbe
Band!) – in Altona an der Elbe
Schaufensterdekorateur. –

Hast du das Tuten gehört?
Das ist Wilson Line.

Wie? Ich sei angetrunken? O nein, nein! Nein!
Ich bin völlig besoffen und hundsgefährlich geistesgestört.
Aber sechs Pfund sind immer ein Risiko wert.
Wie du mißtrauisch neben mir gehst!
Wart nur, ich erzähle dir schnurrige Sachen.
Ich weiß: Du wirst lachen.
Ich weiß: daß sie dich auch traurig machen.
Obwohl du sie gar nicht verstehst.

Und auch ich –
Du wirst mir vertrauen, – später in Hose und Hemd.
Mädchen wie du haben mir immer vertraut.

Ich bin etwas schief ins Leben gebaut.
Wo mir alles rätselvoll ist und fremd,
Da wohnt meine Mutter. – Quatsch! Ich bitte dich: Sei recht laut!

Ich bin eine alte Kommode.
Oft mit Tinte oder Rotwein begossen;
Manchmal mit Fußtritten geschlossen.
Der wird kichern, der nach meinem Tode
Mein Geheimfach entdeckt.–
Ach Kind, wenn du ahntest, wie Kunitzburger Eierkuchen
    schmeckt!

Das ist nun kein richtiger Scherz.
Ich bin auch nicht richtig froh.
Ich habe auch kein richtiges Herz.
Ich bin nur ein kleiner, unanständiger Schalk.
Mein richtiges Herz. Das ist anderwärts, irgendwo
    Im Muschelkalk.

Noctambulatio

Sie drückten sich schon beizeiten
Fort aus dem Tanzlokal
Und suchten zu beiden Seiten
Der Straße das Gast- und Logierhaus Continental.

So dringlich: Man hätte können glauben,
Er triebe sie vorwärts wie ein Rind.
Und doch handelten beide im besten Glauben.
Er wollte ihr nur die Unschuld rauben.
Sie wollte partout von ihm ein Kind.

Da geschah es, etwa am Halleschen Tor,
Daß Frieda über dem Knutschen und Schmusen
Aus ihrem hitzig gekitzelten Busen
Eine zertanzte, verdrückte Rose verlor.

Und ein sehr feiner Herr, dessen Eleganz
Nicht so rumtoben tut, folgte den beiden.
Jedoch hielt er sich vornehm bescheiden
Immer in einer gewissen Distanz.

Er wollte ursprünglich zum Bierhaus Siechen.
Aber nun hemmte er seinen Lauf,
Zog die Handschuh aus, hob die Rose auf
Und begann langsam daran zu riechen.

Er wünschte aber keinen Augenblicksgenuß;
Deshalb stieg er mit der Rose in den Omnibus.
Derweilen war Frieda mit ihrem Soldaten
Auf einen Kinderspielplatz geraten.
Dort merkten sie nicht, wie die Nacht verstrich
Und daß ein unruhiger Mann mit einem Spaten
Sie dauernd beschlich.

Als sich nach längerem Aufenthalt
Das Paar in der Richtung zur Gasanstalt
Mit kurzen, trippelnden Schritten verlor,
Sprang der unruhige Mann plötzlich hervor.
Und fing an, eine Stelle, wo er im Sand
Die Spur von Friedas Stiefelchen fand,
Mit seinem Spaten herauszuheben.
Worauf er behutsam mit zitternder Hand
Die feuchte Form in ein Sacktuch band,
Um sich dann leichenblaß heimzubegeben.

Wie um das dümmste Mädchen
Sich sonderbare Fädchen
Nachts durch die Straßen ziehn –
Die Dichter und die Maler
Und auch die Kriminaler,
Die kennen ihr Berlin.

Daddeldus Lied an die feste Braut

Lat man goot sin, lütte seute Marie.
Mi no ssavi!
Ich habe deine Photographie
In der Meditterinensi
Weit draußen auf dem Meere
Damals verloren,
Als ich bei den Azoren
Mit der Bulldog beinah versoffen wäre. –

Bulldog aheu!

Swiethart! Manilahaariges Kitty-Anny-Pipi –
Oder wie du heißt –
Bulldog aheu!
Bei Jesus Chreist
Ich war – seit Konstantinopel – dir immer treu.

Scheek hends! Ehrlich und offen:
Ich bin gar nicht besoffen.

Giff öß e Whisky, du, ach du! Jesus Chreist!

Skool! bleddi Sanofebitsch – Ohne Spott:
Ich glaube, dich hat der liebe Gott
An einem Sonntag zusammengespleißt.
Weißt du, was du bist: Weißt?
Hör mich einmal ernsthaft auf mich.
Du – du bist – mein zweites Ich.

Du mußt mir mal deinen Namen ausbuchstabieren,
Hein soll mir das auf den Arm tätowieren.

Mary, mach mal deinem Daddeldu
Die Hosentür zu.

Ich habe noch immer die graue Salbe von dir,
Das ist ganz egal; das ist auch ein Souvenir.
Wer mir die Salbe nimmt –
Ich bin der gutmütigste Kerl, glaub es mir;
Ich habe noch keinem Catfisch ein Haar gekrümmt –
Wenn ich zurück bin aus Schangei,
Wie Gott will hoffen, –
Wer mir die Salbe nimmt,
Dem hau ik die Kiemen entzwei.

Bulldog aheu! Ich bin nicht besoffen.
Wirklich nicht!
Wirklich nicht!
Wer mir die Salbe krümmt,
Dem renn ich die Klüsen dicht. –
Komm her, Deesy, wir schlagen die Bulldog entzwei.
Wenn ich aus Kiatschu, Kiatschau –
Porko dio Madonna! –
Mary, du alte Sau,
Wer dir die Salbe stiehlt aus Schangei,
Der wird einmal Kapitän Daddeldus Frau.

Begegnung

So viele schöne Pfirsiche sind,
in die niemand beißt.

Die Gier kann auch ein verschämtes Kind
Sein. Was du nicht weißt.
Ohne Lüge kann ich mancherlei
Dir sagen, klänge dir wie Gold.
Doch zeigte ich mein Wahrstes ganz frei,
Wärest du mir nicht mehr hold.

Mädchen versäume dich nicht
Und hüte dich vor List!
Ich aber träume dich,
Wie du gar nicht bist.

Fluidum

Von Auge zu Auge wogen
Moleküle Gefühle,
Ehe das Auge sieht,
Ehe sich das Gesicht
Zur Miene verzieht,
Ehe der Mund verlogen
Oder verlegen spricht.

Wenn sie genauer erkennend sich
Verachten oder hassen – – –

Müßten zwei Höflinge eigentlich
Wortlos einander verlassen.

Aber wenn jene zarten Fluiden
Kampfredlich oder in Frieden
Im Begegnen
Einander segnen – – –

Ist es denn irgendwie schlimm,
Wenn zwei Menschen, die sich leiden
Können, ohne Wort, ohne Nimm
Und ohne Gib
Bald wieder voneinander scheiden?
»Den oder die habe ich lieb.«

Schöne Frau ging vorbei

Eine Falte in deinem Kleid
Hat wie eine Woge geschaukelt,
Hat Träume mir vorgegaukelt:
Wie schön ihr seid, wie ihr seid.

Einer Woge glich diese Falte,
Von deinem Atem aufgewühlt.
Und trotzig hat diese kalte
Welle dein warmes Fleisch umspült.

Es glätten keine Bedenken solch
Bezaubernd wogende Faltung.
Ich ging an dir vorbei, wie ein Strolch
An einer städtischen Verwaltung.

Nahm mich mit in ihrem Auto

Pfirsich-rauh
War diese Frau – –
Sind wir so nach Jahren,
Schwatzend in Erinnerung,
Sie am Steuer, ich im Schwung,
Völlig falsch gefahren.
Autofahrt, die Fahrgeld spart
Und mich doch – zu rasch – dorthin,
Wohin ich mußte, brachte –
Ob ich wohl ein Esel bin,
Weil ich zu dem Pfirsich-rauh
Weniger tat als dachte!?!

Genau besehen

Wenn man das zierlichste Näschen
Von seiner liebsten Braut
Durch ein Vergrößerungsgläschen
Näher beschaut,
Dann zeigen sich haarige Berge,
Daß einem graut.

Klein-Dummdeifi

Klein-Dummdeifi ging vorüber,
Witzig wie ein Nasenstüber.
Doch ihr schnippisches Geschau
Spielte Hochmut und verneinte,
Ungefragt, was ich nicht meinte,
Sah in mir nur »Kerl zur Frau«.

Daß ich beinah um sie weinte,
Ahnt sie nicht. Ihr eignes, scheues
Proletarisch, tierisch treues
Abwehr-Notgesicht
Kennt sie nicht.

Hab mit ihr nicht angebandelt,
Liebte, schwieg und ging.

Klein-Dummdeifi, junges Ding!
Du und ich! – Die Zeit verwandelt.

Ob auch mir jemals jemand begegnete,
Der mich dumm fand und doch segnete? –

Straßenerlebnisse

Mir ist wieder manches begegnet.
Es hat Bindfaden geregnet.
Das Wasser bepinkelte Straßen und Gassen,
Und ein verregneter Sprengwagenlenker
Fluchte den Regenmacher zum Henker.
Das sollte ein Sprengwagenlenker
Doch lieber unterlassen.

Vor einer grüngekleideten Maid
Blieb ich begeistert stehn.
Sie sagte: Ich möchte weitergehn.
Das tat ich.
Ob Mann, ob Frau, im grünen Kleid
Sind beide stets sympathisch.
Im zweiten Fall war ich sehr kühl,
Denn ich entscheide nach Gefühl,
Und mit einer Frau mit konkaven
Popo
Geh ich nun einmal nicht schlafen,
No, no!

Gruß in den Spiegel hinter der Bar

Ich fragte gar nicht, wer es sei,
Der Herr bei dir, dein Mann.
Dein Spiegelbild ist vogelfrei,
Mit dem ich – auch frei – allerlei
Anfangen kann.

Was »Mann und gentleman« betrifft:
's gibt solche und 's gibt solche.
Ich zähle zu die Strolche. –

Man spritze an den Spiegel Gift!
Man stoße mit dem Dolche
Hinein! – Wenn Glas und Witz zerbricht,
Mich trifft das nicht.

Ich liebe dein gespiegeltes Gesicht.
Verpufftes Gewitter
Hat mich ein Gewitter
Gestern so nervös gemacht.
Hat ein Magenbitter
Mich dann bös gemacht.
Sekt, den ich bestellte, weil
Ich froh werden wollte,
Wirkte nur ins Gegenteil.

Und der Donner grollte.
Daß ich herz- und magenkrank
Weiterbummelnd mich betrank.

Und ich weiß nur noch:
Eine Dame, die
Unterm Ärmel nach Lavendel roch,
Hat mich abgeküßt. – Ach und wie!
Und ich war vernarrt,
Weil sie so apart
Sagte, daß ich »herbstzeitlose« sei.
Diese Taschendiebin
Griff diskret und lieb in
Meine Tasche dabei.

Vor einem Kleid

Karo ist in deinem Kleid,
Eine ganze Masse
Karo-Asse.

Wieviel Karos ihr wohl seid
In dem Kleid? – Das Kleid ist nett.

Karos sind im armen Bett.

Nun ich habe nicht gezählt,
Wenn mich auch die Frage,
Wieviel es wohl sind, doch quält.
(Immer wieder seh' ich hin.)

Weil ich männlich bin,
Rock und Hose trage,
Paßt solch Muster nicht für mich.
Karo ist zu munter.

Aber ich bestaune dich,
Fremdes Mädchen, hübsche Maid.
Karo ist in deinem Kleid.

Ist ein Coeur darunter?

Belauschte Frau

Doch ihr Gesicht,
Das sah ich nicht.
Nur Beine, Rock, gebeugten Rücken,
Ein nasses Stück vom Schürzenhang.

Das alles lebte sich beim Bücken
Und Wenden unterm Küchenlicht.

Ich aber stand im dunklen Gang,
Sah nach den unbewachten Beinen
Unter des hochgerutschten Rockes Saum.
Zwei sichre Arme dachte sich mein Traum.
Nur ihr Gesicht, das sah ich nicht.

Doch etwas war, als wäre es zum Weinen.

Kein Laut, kein Wort. –
Es ist auch nichts Zunennendes gewesen.
Ich aber weiß: Als ich den Gang verließ,
Schlich ich ganz innig leise fort,
Und war betrübt, als ich doch einen Besen
Umstieß.

MEIN LETZTES LEBEWOHL, EIN KUSS

Der Sängerin

Ich werde die Stunde nie vergessen,
Die wie ein Sternfall meiner Nacht erschien.
Ein lauschender Toter, hab ich vor dir gesessen
Um deiner Lieder schwelgende Melodien.

Sie haben bunte Kränze mir gewunden,
Wie ich sie flocht in frohen Kindertagen
Und wie ich sie nach still verhärmten Stunden
Zum Grabeshügel meiner Braut getragen.

Ich danke dir. Dein Lied wird weiterschwingen,
Wird mich durch fremde Wunderländer führen
Und meiner Seele reinste Saiten rühren.
Und seine Klänge werden nie verklingen.

Einsamer Spazierflug

Nun ich wie gestorben bin
Und wurde ein Engelein,
Fliege ich über dein Wohnhaus hin.
Häuschen klein.

Die du als Witwe wieder umworben
Sein magst,
Da ich doch schon verstorben
Bin –. Was du wohl sagst?
Ob du gefaßt bist oder klagst?

Oder ob dein Humor wieder steht,
Du dessen eingedenk bist,
Daß ein aufrichtiges Gebet
Ein unterweges Selbstgeschenk ist?
Ach, wie es dir wohl geht?

Ob du dich verlassen meinst?
Ob du gar Gott verneinst,
Anstatt daß du dankbar
Bist. Wüßte ich, daß du jetzt so weinst
Wie einst, da ich krank war,
Kippte ich die Maschine kurz
Steil ab auf Sturz.

Oder sollte einem Engelein
Solch ein Kegelpurz
Verboten sein??

Das Andenken

Es hängt an meiner Zimmerwand
Ein welker Strauß an verblaßtem Band.
Den Strauß hat deine liebe Hand
Dereinst, als ich im Garten schlief,
Für mich gepflückt.
Das Band
Schlang sich um einen Abschiedsbrief,
Der mir dein Herz so weit entrückt. – –
Und wie ich lang hinüberseh,
Faßt mich ein seltsam Glück und Weh.

Es hängt an meiner Zimmerwand
Ein Strauß, frischblühend und ohne Band.

Herzenstreue

»Und seid ihr glücklich?« – hab ich dann gefragt. –
Mir ist das leise Zittern nicht entgangen.
Und lachend, wie das »Ja«, das du gesagt,
Ist eine Stunde uns vorübergangen.

Doch was mich glühend dir zu Füßen trieb,
Vor deinem Lachen starb es hin in Reue,
Nur eine grenzenlose Achtung blieb
Vor solcher tränenschönen Herzenstreue.

Es ist besser so

Es ist besser so.
Reich mir die Hand. Wir wollen froh
Und lachend voneinandergehn.
Wir würden uns vielleicht nach Jahren
Nicht mehr so gut wie heut verstehn.
So laß uns bis auf Wiedersehn
Ein reines, treues Bild bewahren.

Du wirst in meiner Seele lesen,
Wie mich ergreift dies harte Wort.
Doch unsre Freundschaft dauert fort.
Und ist kein leerer Traum gewesen,
Aus dem wir einst getäuscht erwachen.
Nun weine nicht; wir wollen froh
Noch einmal miteinander lachen. – – –
Es ist besser so.

Ich habe an deiner Brüste Altar

Ich habe an deiner Brüste Altar
Die Nacht bei dir durchsonnen.
Ich träumte unendliche Wonnen
Im Zauberdufte aus deinem Haar.

Den Blütenstaub der Jugend am Leib,
Lagst du mit fiebernder Stirne
Als Fremde bei mir – – eine Dirne,
Und warst ein halberblühtes Weib.

Und Tränen sah ich, so heimatfremd,
So sündenschön verrinnen.
Sie netzten ein schneeiges Linnen.
Das glich einem Totenhemd.

Der letzte Weg

»Ich gehe ins Wasser,« sagte sie leis,
»Ade!
Du hast es gut mit mir gemeint.
So weiß ich einen, der um mich weint.
Hab Dank!«
Ich aber sah ihr tiefes Weh
Und küßte sie, die arm und krank,
Und sagte: »Geh!«

Trennung von einer Sächsin

Ich kann dir alles verzeihn.
Aber du mußt mir die Freiheit lassen,
Mich nicht mehr mit dir zu befassen.
Sächsische Quengelein,
Auch wenn man ihrer nur träumt,
Sind etwas, womit man die Zeit versäumt.

Du hast viel warmes Gemüt
Und lügst oft aus Höflichkeit.
Und auf diesem Boden blüht
Und gedeiht die Geschmacklosigkeit.

Ich weiß das genau. Denn ich bin
In Sachsen erwachsen. Das zu verschweigen
Oder deswegen mokant sich zu zeigen,
Hätte nicht – – oder nur sächsischen Sinn.

Ich kann deiner Falschheit nicht trauen.
Geh jetzt zur Ruh!
Blondhaarig mit schwarzen Brauen,
So schönes Mädchen du!

Aussichten sind unendlich weit.
Aber Sächsisch in dieser Zeit,
Eins, Neun, Zwo, Acht – – –
Gute Nacht.

Als sie dann traurig ging,
Ward mir so bang und kalt.
Gab ich ihr keinen Halt.
Armes Ding!

Aus

Nun geh ich stumm an dem vorbei,
Wo wir einst glücklich waren,
Und träume vor mich hin: Es sei
Alles wie vor zwei Jahren.

Und du bist schön, und du bist gut
Und hast so hohe Beine.
Mir wird so loreley zumut,
Und ich bin doch nicht Heine.

Ich klappe meine Träume zu
Und suche mir eine Freude.
Auf daß ich nicht so falsch wie du
Mein Stückchen Herz vergeude.

Liebesbrief

»Rösl, morgen abend um zehne
Unter dem Standbild der Pallas Athene,
Wo wir uns doch so oft schon getroffen,
Beide die Brust voll Bangen und Hoffen,
Immer so froh. Sind gewandert nach irgendwo,
Sind gewandert durch Nacht und Tau
Bis in das schüttelnde Morgengrau. – –
Busseln und Lieben!! –
Weiß nicht, was wir getrieben,
Weiß nicht, wo all die Stunden geblieben.
Und dann immer das alte Lied:
Jeder wollte scheiden und keiner schied.
Und dann gingst du doch, –
Aber ich stand und lauschte noch,
Lauschte, bis ferne dein Schritt verhallt.

Rösl, ich mag dich so leiden!!
Gelt Rösl, wir beiden
Werden nimmer alt?«

Trennung

Wink wink. Auf Wiedersehn!
Ausnand ist nicht Vergehn.
Wie Lokomotivenrauch
Wildweich zerstiebt – –
Dereinst doch, noch, auch ohne Hauch,
Liebt sich, was wirklich sich liebt.

Jetzt ist es Nachmittag.
Horch! – Klingt's wie tote Lieder?
Klingt es wie Trauertrommelschlag?
Sonja ade! – – Salü!

Ach! – – Aber morgen wieder,
Morgen ist's wieder früh!
Täceretä! Kükeriküh!

Abschied von Renée

Wann sieht ein Walfisch wohl je
Ein Reh? –
Ach du! Renée!
Und führen wir zusammen zur See,
Wir landeten bei den Wilden. –
Sag: Ist es nicht noch schöner, in Schnee
Als in Erde zu bilden?
Und sei auch kein Fuß an dem Sinn;
Es schweben auf tanzender Melodie
Zwei Federn einer Indianerin
Fort, fort in die weite Prärie.
Ade Renée!

Wie dunkelschön war unser Dach,
Als leise wir viere
Zusammenrückten vor Blitz und Krach. –
Ich streichle euch guten Tiere,
Nun ich geh.

Mir ist so dienstmädchen-donnerstagweh,
Weil ich nun weiterfahre.
Und ich war hundert Jahre
Mit dir zusammen,
Renée.

Das Mädchen mit dem Muttermal

Chanson

Woher sie kam, wohin sie ging,
Das hab' ich nie erfahren.
Sie war ein namenloses Ding
Von etwa achtzehn Jahren.
Sie küßte selten ungestüm.
Dann duftete es wie Parfüm
Aus ihren keuschen Haaren.

Wir spielten nur, wir scherzten nur;
Wir haben nie gesündigt.
Sie leistete mir jeden Schwur
Und floh dann ungekündigt,
Entfloh mit meiner goldnen Uhr
Am selben Tag, da ich erfuhr,
Man habe mich entmündigt.

Verschwunden war mein Siegelring
Beim Spielen oder Scherzen.
Sie war ein zarter Schmetterling.
Ich werde nie verschmerzen,
Wie vieles Goldene sie stahl,
Das Mädchen mit dem Muttermal
Zwei Handbreit unterm Herzen.

Schroffer Abbruch

Laß mich doch allein,
Bitte, bitte!
Meine Schritte
Sind deinen zu klein.

Merkst du denn nicht,
Was höfliche Worte sind?

Deine Blicke stellen sich blind.
Was aus dir spricht,
Ist nur Angst und die Sucht,
Fremdes zu gewinnen.

Jemand, vor sich selbst auf der Flucht,
Findet nicht Ruhe,
Sich zu besinnen,
Vergißt die Tat vor Getue.

Du kannst dich selbst nicht ertragen,
So schwach bist du.

Blicke ein Jahr lang nur in die Höh
Und höre nur Stillem zu.
Mehr kann ich dir nicht sagen.
Adieu!

Unterwegs

Wenn mir jetzt was begegnete,
Was mich tot machte ganz und gar;
So, daß der uns verregnete
Abschied gestern der letzte war,

So würde doch, was dann versäumt
Wäre, den Trost noch finden:
Das Leid, das von der Liebe träumt,
Muß auch in Liebe schwinden.

NACHWORT

»Ich bin etwas schief ins Leben gebaut
Wo mir alles rätselvoll ist und fremd ...«

Hans Gustav Bötticher wird am 7. August 1883 in Wurzen bei
Leipzig in eine Künstlerfamilie geboren. Schon früh zeigt sich,
dass er die Regeln der bürgerlichen Gesellschaft nicht akzeptiert,
oder nicht versteht – so genau kann man das nie sagen. Der
»Schulrüpel ersten Ranges«, wie ihm ein Lehrer ins Abschlus-
szeugnis schrieb, fliegt schon früh wegen eines Schulstreichs vom
Gymnasium und ist auch danach nie in der Lage lange an einem
Ort zu bleiben. Er hat sich schon früh in den Kopf gesetzt See-
mann zu werden und heuert auch im Jahr 1901 direkt nach dem
Schulabschluss auf einem Schiff an. Seine romantischen Vorstel-
lungen vom wilden Leben auf See werden allerdings bald durch
den groben Umgang unter der Besatzung und den langweiligen
Alltag auf See kuriert. Doch neben langen Phasen der Erwerbslo-
sigkeit und obskurer Aushilfsarbeiten an Land zieht es Ringel-
natz immer wieder aufs Meer und an fremde Häfen.

Als er 1903 schließlich wegen seines schlechten Augenlichts
für dienstuntauglich erklärt wird, muss er sich nach einer ande-
ren Möglichkeit umsehen, seinen Freiheitsdrang zu befriedigen.
Er meldet sich bei der Kaiserlichen Marine. Es folgen wiederum
Jahre, in denen er sich mit schlechtbezahlter Gelegenheitsarbeit
über Wasser hält, ein geregeltes, bodenständiges Alltagsleben zu
führen, dazu sieht er sich nicht bereit. Er malt und dichtet. Seine
artistischen Anstrengungen zahlen sich im Jahr 1909 zumindest
insofern aus, als dass er im Münchener Künstlerlokal Simplicis-

simus (kurz: »Simpl«), in dem auch viele Große der Kunst- und Bohème-Szene wie Frank Wedekind, Ludwig Thoma und Erich Mühsam verkehren, zum Hausdichter avanciert, allerdings fast ausschließlich in Naturalien in Form von Bier bezahlt wird. Ringelnatz befindet sich in der Keimzelle der deutschen Avantgarde, aus der später der Dadaismus hervorgehen wird. Er beginnt in der Satirezeitschrift Simplicissimus Gedichte und Prosa zu veröffentlichen. In den Jahren 1912/13 verdingt er sich als Bibliothekar in den Adelshäusern Yorck von Wartenburg und Münchhausen-Moringen. Hier geht er zum ersten Mal (für seine Verhältnisse) ernsthaftere Beziehungen ein. 1912 mit Amalia Timm, der Hauslehrerin des Grafen Yorck, die er liebevoll Eichhörnchen nennt und 1913 mit Alma Baumgarten, der er analog (aufgrund ihrer starken Kurzsichtigkeit) den Spitznamen Maulwurf gibt. Sein Hang ihm nahestehenden Menschen originelle Kosenamen zu geben durchzieht auch sein Werk. Die Verlobung mit Alma scheitert jedoch, da der Vater in Ringelnatz wohl einen brauchbaren Menschen, aber keinen guten Schwiegersohn erblickt.

Ringelnatz meldet sich im Folgejahr freiwillig zum Kriegseinsatz. Seine frühe Kriegsbegeisterung, die er später kritisch betrachten wird, verbindet ihn mit so vielen Dichtern seiner Generation. 1917 lernt er die Schauspielerin Annemarie Ruland in Cuxhaven kennen und macht ihr kurz darauf einen Heiratsantrag. Sie lehnt ab. Sein bereits zur Zeit der Beziehung mit Annemarie Ruland (»Mi«) begonnener Briefwechsel mit der Sprachlehrerin Leonharda »Lona« Pieper führt letztlich in eine ungewöhnliche, aber solide Beziehung, die bis an sein Lebensende dauern wird. Obwohl sie anscheinend nicht sexuell miteinander verkehren, heiraten die beiden 1920 »ohne Geld, ohne Wohnung und ohne Verstand«. Er selbst publiziert nun stets unter seinem Pseudonym Joachim Ringelnatz, kann aber trotz künstlerischer Erfolge (in dieser Zeit erscheinen die »Turngedichte« und »Kuttel Daddeldu«) immer noch nicht von seinen Einkünften leben. Leonharda Pieper, die er (in seinen Gedichten) erstmals »muschelverkalkte Perle«, dann »Muschelkalk« nennt (manchmal auch Muschelnatz oder Lie Ka), assistiert ihm bei seinen Publikationen und bleibt bis an sein Lebensende seine Ehefrau und Privatsekretärin. Er absolviert erste erfolgreiche Auftritte im Berliner Kabarett »Schall und Rauch« und verdingt sich die nächsten 13 Jahre als fahrender Vortragskünstler. Das Ehepaar sieht sich selten und er verliert sich immer wieder in die Arme anderer Frauen. Und doch – eine wirkliche Verbundenheit und Seelenverwandtschaft empfindet er nur ihr gegenüber: »Ich habe auch kein richtiges Herz. / Ich bin nur ein kleiner, unanständiger Schalk. / Mein richtiges Herz. Das ist anderwärts, irgendwo / Im Muschelkalk.« 1933 findet sein wildes Leben ein jähes Ende, als ihm die Nationalsozialisten Auftrittsverbot erteilen, seine Bücher beschlagnahmen und verbrennen. Ringelnatz, nun vollkommen verarmt, versucht noch einmal in der Schweiz Arbeit zu finden. Er stirbt 1934 in Berlin an den Folgen einer Tuberkuloseerkrankung.

Joachim Ringelnatz Biographie liest sich fast wie eine Parodie auf den Typus des Poète maudit; er ist der prototypische Bohème-Dichter und Bürgerschreck: stets mittellos und unter prekären Umständen lebend, dauernd krank und immer in Bewegung. Den Deutschen ist er gemeinhin als Meister der komischen Lyrik, Kabarettist im Matrosenanzug und für seine zahlreichen Kinderreime bekannt. Dabei offenbart sein lyrisches Gesamtwerk viel mehr als seine Unsinnpoesie. In seiner Liebeslyrik zeigt sich Ringelnatz dem Leser oft von seiner gewohnten spielerischen Seite, oft aber auch ganz unerwartet empfindsam, tiefsinnig ernst. Seine Liebeslyrik ist, wie seine gesamte Dichtung, schwer »auf den Punkt zu bringen«. Vielleicht ist aber gerade das ihr vortrefflichstes Merkmal. Seine Poesie spiegelt nicht nur sein an Erfahrungen und Abenteuern so reiches Leben, sondern bleibt auch bis heute sprachlich und formal interessant. Seine subjektiv empfundene Schieflage entspricht ziemlich genau den politischen und sozialen

Umständen seiner Zeit. Auch in den Liebesgedichten finden wir die Widersprüche zwischen Tradition und Moderne, die die Jahre vor und nach dem Ersten Weltkrieg geprägt haben. Dabei ist Ringelnatz in seiner Lyrik nicht nur Zeitgeistdiagnostiker. Er ist zwar vielfach ein Dichter der Oberfläche, doch gelingt es ihm selbst in seinen nach Gelegenheitsgedichten anmutenden Werken ein Maximum an Wahrhaftigkeit, Ehrlichkeit und Spitze herauszuholen. Es ist gerade dieses gekonnte tonale Changieren, das sein Werk bis heute äußerst komplex und kunstvoll gebrochen wirken lässt. Dort wo seine Sprache in Albernheiten oder kühler Lakonie stecken zu bleiben droht, findet er rechtzeitig die Wendung, die die tiefe Sensibilität und Verletzlichkeit seiner »zarten Weltseele« herauskehrt und mit Humor zurückschlägt. Dort wo er zu poetisierend wird – gerade im Spätwerk –, wehrt eine komische Wendung dem Schmalz. Wie sein Leben, war sein frühes Verhältnis zu den Frauen immer riskant, kurzweilig und abenteuerlich. Seine Matrosenzeit, die er in seiner Kunstfigur und Alter Ego Kuttel Daddeldu »abbildet«, erzählt vor allem vom (wohl meisterlichen) Umgang mit Prostituierten, vom Suff, mal mehr oder weniger spaßigen Gewaltausbrüchen und dass man sich Treue und bürgerliche Liebe nicht leisten kann, wenn man am nächsten Tag wieder schon nicht mehr da ist. Der urbane und exotische Vitalismus seiner Liebeslyrik, die rauschhafte Lust, der sich selbst genügende Grobianismus und die unbekümmerte anarchische Lebensfreude sind es, die die Gedichte heute noch frisch und – trotz aller untergründigen Melancholie – befreiend und belebend wirken lassen.

Wir haben bei der Auswahl der Gedichte bewusst darauf geachtet einen repräsentativen Querschnitt durch das Werk zu geben. Dabei sind die frühen sprachspielerischen, vitalistischen Gedichte genauso vertreten wie die etwas konservativer anmutenden philosophischen Gedichte des Spätwerkes; diese gleiten nie ganz in den besserwisserischen Ton des »Lebens-dann-letztlich-doch-noch-Verstehers« ab – einer Tendenz der wohl leider viele

Avantgardisten und Wilde Männer im Alter erliegen. Die einzelnen Rubriken sind sowohl motivisch als auch tonal motiviert. Dies hält zwar bei genauerem Hinsehen keiner philologischen Prüfung stand, ist aber auch nicht wichtig, da es uns vor allem um eine Übersicht der poetischen Bandbreite und Komplexität des ringelnatzschen Gesamtwerkes ging. Die erste Rubrik **»Es war nur ein Traum …«** versammelt jene Gedichte, die sich mit Traum- und Nachtmotivik und Metaphorik wohl am ehesten als »romantisch« bezeichnen lassen. In **»Der du meine Wege mit mir gehst«** geht es um Ringelnatz Verhältnis zu Partnerschaft und bürgerlichem Liebesverständnis, mal satirisch-kritisch, mal hin- und hergerissen. **»Weil sie weich sind und mit Grazie sich bewegen …«** soll schlicht sein Verhältnis zu »Weiblichkeit«, dem Bildnis, das sich Ringelnatz von »der Frau« und ihrer Körperlichkeit macht, darstellen. **»Und vom Einst träum ich«** versammelt Gedichte, die Sehnsuchtserfahrung, Ausbrüche von Leidenschaft und verstimmter Liebe beschreiben. **»Du Meinziges, du Liebes«** schließlich sind vornehmlich »klassische« Liebesgedichte: Gefühlsbeichten, Appelle, Anbetungen und Beteuerungen. **»Es waren zwei Moleküle«** ist die ringelnatzigste Kategorie, in der sich vor allem die Tier- und Ding-Gedichte finden: Ungleiche Paare und andere Seltsamkeiten. **»Nun sind wir allein. Und es ist Nacht«**: Erotik. **»Guten Abend, schöne Unbekannte!«,** wiederum eine der nach dem bekannten Verständnis ringelnatzigsten Kategorien: Gedichte über zufällige Begegnungen, witzige Konversationen mit Prostituierten, Flirtgedichte, Voyeuristisches im urbanen Setting. Last but not least versammelt **»Mein letztes Lebewohl, ein Kuss«** Gedichte des Abschieds, der Trennung, der unerfüllten oder gescheiterten Liebe.

ALPHABETISCHES VERZEICHNIS DER GEDICHTÜBERSCHRIFTEN UND -ANFÄNGE